復刻版　第三の書く

読むために書く　書くために読む

青木幹勇　著

東洋館出版社

はしがき

「第三の書く」というこの書名には、たぶん、だれもが奇異の感をもたれると思います。しかし、この書名は、ことさらに奇をてらっているわけではありません。

後に述べているように、この「書く」を「第三の書く」というかどうかはとにかくとして、このような書くの事実は確実に存在するのです。多くの人がそれを行っていますし、また心ある教師たちは、この「書く」を授業の中に生かすこともしています。

といって、必ずしも、この「書く」の存在や機能について充分な認識をもっているとはいえないと思います。

「書くこと」といえば、「書写 - 習字」と「作文」がすべてと思っている教師だって少なくないでしょう。

本書は、書名を「第三の書く」としていますが、別に、

　読むために書く

　書くために読む

と、サブタイトルがつけてあります。そのタイトルのとおりこの本は、読むことの指導とその充実、改善を企図しています。

読むことの指導が、国語科指導の中核をなしていることは、むかしも今もかわりません。したがって、この領域の指導については、非常に多くの研究や実践の開拓が行われてきました。

しかし、このように、研究や実践がすすめられてきていても、課題は常にあるのです。もちろん現在の国語教室も、無風帯ではありません。

長年、国語の指導に当たってきたわたし自身の授業、さらには、全国各地で、見せてもらった多くの授業、そこにはたいてい、大小いくつかのウイークポイントがありました。

中でも読むことの指導（学習）における書くことの軽視、あるいは拒否などの事実は、指導上の大きな欠陥として指摘されなければなりますまい。

もっとも、「読むこと」と「書くこと」を関連的に指導すべしという提案は早くから、授業の課題としてとりあげられてきました。しかし、それが、授業の中に生かされている教室を見ることは、まだめったにありません。

読むために書く、書くために読む、と二つに書き分けましたが、この書物に書かれている場合、ともに、読むことを支える書く活動であって、学習の主軸は、「読むこと」なのです。

書くことが支えるこの読むことの指導には、数多くのメリットが指摘できます。

一、この指導は子どもたち全員を、容易にその学習へ参加させることができます。教室の実態を、細かく観察していると、終始その学習に参加している者の多くはクラスの上位の子ども、いやこの子どもたちだって埒外に出ていることがめずらしくないのです。

二、この授業は子どもたちを学習に集中させ、没入させることができます。学習に集中するには、そこにある一定の時間が設定されていなければなりませんし、没頭できるだけの活動内容が計画された学習でなければなりません。「書くこと」のない多くの授業は、一見華やかで、目先の変化はあっても、じっくりと学習に取組む集中の深さが欠けていると思います。

三、この授業では、確かに読む、深く読む、想像を広げて読む、などの学習が確保できます。確かさ、豊かさは、読むことの合言葉になっていますが、発問や、話合いですすめられている授業がほんとうにそれを実現しているかどうか疑わしいと思います。書くことはほとんど必然的に、子どもをそういう学習に引込んでいきます。

四、この学習は、学習の経験を累積できます。それは、まさに学習の学力化なのです。書くことの学習は、常に学習の軌跡を描いていきます。その軌跡が学習の累積であり、この累積が学習をすすめる力になります。

五、この授業は、子どもの学習にオリジナリティーを期待できる契機をはらんでいます。

書く学習は、学習の個別化です。個々の子どもの学習を生かします。書くことに沈潜する学習から、独自な発想や表現が生まれてきます。

「第三の書く」を導入した読むことの授業に期待できるいくつかをとりあげてみました。読者のみなさんの中には、そんなに望ましい指導がなぜ今日まで、とりあげられなかったのか……、そんな疑問をもたれる方がきっとあるだろうと思います。本書はその疑問に答えています。そしてその解答を示すことが、国語科指導の暗部に光を当てることになっているといえるでしょう。

「読むこと」と「書くこと」の指導をどうするか、この課題とすぐに結びつくのは、関連的な指導という発想でした。本書は、両者の関連という考え方とは、いささか趣きを異にした立場にたって、国語科の指導における「書くことの実践の体系」を描いてみました。

国語科の指導に関しては、過去、現在たくさんの書物が出版されています。中には、安直なハウツウものがあり、また、ずいぶん難解なものもあります。

わたしはこの本に何を託そうとするか。わたしは、まず新米の教師、あるいは国語科の指導に自信をもてない教師、あるいはまた、この教科の授業研究に意欲的な教師たちにこの本を読んでもらいたいと思います。

「第三の書く」を授業に組織することによって、少なくとも次のような期待をもつことができます。

新米の教師、ベテランの教師それぞれに、自分の授業を開くことができると思います。発想が豊かになり、創造的な授業の開発の可能性が得られます。個々の教師の授業はもちろん、学校のマンネリ化した授業態勢を動かし、改善するきっかけにすることができると思います。

「第三の書く」の実践には、まだまだ、未知、未開発の世界がたくさん残されています。わたしも、今後ますますこの魅力に富んだ実践の課題に、取組んでいきたいと思っています。

復刻版　第三の書く——読むために書く　書くために読む

目　次

一、国語科における「書くこと」

1　書写と作文

周知のように、小学校の国語科では、「書くこと」の指導が、次のように行われることになっています。

一、文字の書き方の指導
二、作文を書くことの指導

文字の書き方の指導では、仮名、漢字の、字形、字画、筆順、配列などの指導、書取りによる文字の記憶、ほかにローマ字の書き方、表記などが、その指導内容になっています。

一般に「書写」といわれるこの指導のねらいは、文字を正しく書くこと（能力）と、文字をていねいに書く（態度）ことです。文字は、硬筆を主体としますが、他方、正しい文字がどういう文字なのかを知り、正しい文字が書ける力を身につけさせるために、毛筆の学習が、三年から六年生まで八十時間課されていますし、そのための教科書も与えられています。ただ、この八十時間が文字を正しく書くことに生かされているかどうか。わたし個人は毛筆の文字に魅せられ何十年もの間練習を重ねてきましたが、今日の国語科が置かれている情勢、毛筆指導の実際を見るにつけ、この八十時間にはいささか疑問がのこります。

作文の指導は、その内容が多岐にわたっています。したがって、ここで、作文の指導にふれることはひかえ、後に、機会をみて書くことにします。

2 「第三の書く」

以上「書くこと」の枠の中の、書写と作文をとりあげました。仮りに「書写」を「第一の書く」とすれば、作文は「第二の書く」ということになります。普通、「書くこと」といえば、前二者が、「書くこと」のすべてだととらえているのではないでしょうか。

しかし、心ある教師たちの授業の中には、前二者とはちがう「書くこと」が行われていることがあります。ただしその「書くこと」は、まだ指導の対象とするほどに、はっきりした存在にはなっていないのです。ですから、一般の教師たちには、授業における生かし方や、その機能及び価値の認識に欠けることがあると思います。

しかし、第一、第二の「書くこと」とは、ちがった「書くこと」の存在は、これを指摘すれば、だれにも、すぐにわかることです。たとえば、聞きながらメモをとる。ここはと心をひかれた文章を書き抜くなど、この種の書くことは、作文というほどのことでもなく、もちろん文字の練習でもありません。何となくつかみどころのない「書くこと」なのですが、学習や、指導の中には、確かに行われている「書くこと」なのです。わたしは、このような「書くこと」、これを「第三の書く」と名付け、この書くを、次の図（一五ページ、表1）のようにまとめてみました。

「第三の書く」がどこに所在するか、それを、学習のどこに位置付けるか、まずそれが問われるところでしょう。

さきにもちょっとふれたように、「第三の書く」は、聞いたことをメモにとるとか、話す前に、話の要項を書いてみるなど、聞くことや、話すことに役立ち、その学習を支えてくれます。さらに、読む学習における「第三の書く」はもっと多彩に、もっと切実に、それをサポートし、その学習を充実させます。左の図の「視写」「聴写」以下のところにそれを示してあります。

何といっても、「読むこと」の学習は、国語科の主軸を占めています。したがってこの領域の指導には、すべての教師が強い関心をもっています。しかし、過去、現在この指導が、必ずしも望ましい成果を挙げているとはいえますまい。

一九〇〇年（明治三十三年）に、国語科が教科として誕生してやがて九十年、読むことの指導にも、依然、未解決の問題が数多くかかえこまれているといえるでしょう。国語教室への「第三の書く」の導入は、それらの問題解決に一役をかうことができるのではないか。わたしには、そこに大きな期待がもたれるのです。

「第三の書く」は、言語事項に関する指導とも密接につながっています。言語事項といえば「第一の書く」がそこに包括されていますが、この書写のほか、文字、語句、文、文章、表記、文法など、その学習では、「書くこと」を通さなくてはとうてい習得できないたくさんの学習内容があります。それも、単なる反復練習の書くではなく、読むことその他の「書くこと」との一体化によって身につけていくべきことなのです。

図式の上では、上記の関係を、薄く塗られた「三」の部分が示しています。すなわち、「三」のところに「第三の書く」が位置を占め、この書くが、聞くこと、話すこと、読むこと、言語事項の学習を支え、さらに、両翼の第一、第二の書くとつながりをもつという仕組みになっているのです。このような構造をもった「書くこと」を想定することによって、それを授業の中へ、積極的に導入する確信が得られます。

「第三の書く」などと、まったくなじみのない命名ですが、一五ページの図を見ていただくと、その存在なり、指導法としての位置付けが理解されるのではないかと思います。

雑然としていたいろいろな書くを、このように束ね、このように整理してみると、その機能も明

表1　書くことの三態

一 書写（習字）

聞く

話す

読む

言語事項

二 作文

三（第三の書く）

○視写
○聴写
○メモ
○筆答
○書抜き
○書込み
○書足し
○書広げ
○書替え
○書きまとめ
○寸感・寸評
○図式化
○その他

表2　「第三の書く」とその体系化

総合	書くために読む	**書替え**（作文化） ○物語（変身作文） ○詩歌（散文化） ○説明（伝達 解説） ○伝記（本作り） ○その他	**文章の総合的理解** ●豊かに読む ●想像を加えて読む ●主体的な読み ●表現力の充実
展開	読むために書く	メモをとる 聴写をする 筆答を書く 書抜きをする 書込みをする 書足しをする 書きまとめをする 質問・意見・感想 図式化 その他	**読むことの方法を学ぶ** ●いろいろな書くを生かした確かな読み ●文、文章に密着して読む力
基礎		視写をする	●書き慣れる ●速く書ける ●確かな読み ●文字、語句、表記、文法など

確にとらえられますし、それを生かすいろいろな方策もおのずから発想されてくるはずです。
それはとにかくとして、このような、整理と総括、さらには「第三の書く」というネーミングによって、この書くの概念化、つまり、この書くの存在と機能を明確にすることができるといえるでしょう。

いうまでもなくこのような「書く」は早くから、すぐれた教師たちの実践にみられました。古いところでは芦田恵之助先生の、教式に重要な位置を占めている「かく」がそれです。芦田先生の教式といえば、だれもが次の七つの指導過程を思い浮べるでしょう。

1 よむ
2 とく
3 よむ
4 かく
5 よむ
6 とく
7 よむ

芦田先生はこの過程のちょうど真中に「かく」を置きました。

この「かく」は、書写でもなく、作文でもありません。読解をすすめていく手がかりとするため、教材文の各段落から、重要語句を抽出しながら板書（子どもはノートにそれを視（聴）写）するもので、これはまさに「第三の書く」の一例です。

綴方指導における芦田先生の先駆的な業績はよく知られているところですが、「読むこと」についても「書くこと」を生かした指導に手をつけておられます。やはり卓技な授業開拓者というべきでしょう。

戦後、「第三の書く」につながる指導の展開としてあげられるものに読後の「感想を書く」という実践があります。この指導は、初め作文指導の一分野としてとりあげられましたが、そのうちに「読書感想文コンクール」などに刺激されてにぎやかになりました。

まもなく、この感想文は読解の指導にも持ちこまれ、初発の感想、登場人物に対する手紙、感想を作者に送るというように次々と分化してきました。これも、「第三の書く」につながる指導だといえるでしょう。

その後、五十二年、学習指導要領の公示にあたって、強調されたことの中に「読み書きの関連指導」がありました。関連の内容、方法はいろいろですが、ここにも「第三の書く」がからんでいることはいうまでもありません。

A　正しく視写したり、聴写したりすること（表現――一年、二年、理解――三年）

B　表現の優れている文章を視写したり、自分の文章にも優れた表現の仕方を取り入れたりすること（理解――四年）

C　表現の優れている文章を視写することによって、理解及び鑑賞を深めるとともに優れた点を自分の表現にも生かすこと（理解――五年）

右のA、B、Cは現行の学習指導要領の表現と理解の項に、明示された「第三の書く」だといえますが、このほかにも、諸種の言語学習を支え、充実することを求めている多くの項目が掲げられています。

感想を書く、読み書き関連、表現重視、書くこと優先と、時代は動いてきましたが、このところあの感想文ブームも、関連指導もいささかマンネリ化し、沈滞ムードではないかと思います。にぎやかだといえば、ワークシートによる書くこと、なかでも、いわゆる「吹出し」など、ちょっとした付けたり式の「書くこと」がもてはやされているということでしょうか。でもこれらは、指導（学習）における「書くこと」の価値や機能をわきまえ、しっかりした手順をふまえた指導ではありません。国語教室に生えた思いつきの雑草のようなものですから、そのうちに、枯れたり、忘れられたりするのではないかと思われます。

二、「書くこと」は嫌われている

1 「書くこと」を嫌う教師とその批判

右に述べましたように、「書くこと」の指導は存在し、一応だれもが手をつけてみていると思いますが、本格的に、この指導に取組みその指導技術を身につけようとする教師は、必ずしも多くありません。むしろ、一般に「書くこと」は軽視され、敬遠され、嫌悪されてきたといえるでしょう。もちろん、すぐれた教師たちの中には、真摯な指導実践の中で、当然のこととして「書くこと」を、生かしてきているとは思いますが、そういう教師は、まださほど多くはないと思います。

全教科の指導を受持たなければならない多くの教師たちの中には、「書くこと」は「書写」と「作文」これで事足りる、ほかに何があるかといった程度の認識しかもっていない者も少なくないのです。

この人たちの、読むことの指導は、たいてい、毎日、毎時が、少しばかりの音読と、そして大半は、次から次への発問と、それに応じてくる、一部上位の子どもの応答によって占められているのです。したがって、そのような授業の中では、「書くこと」など、ほとんど行われることはありません。

右のような授業は、国語の指導に関心が薄く、国語の授業を不得手とする一部の教師だけではなく、ベテランといわれる教師の授業でもけっしてめずらしいことではないのです。

「書くこと」を授業に導入することは、多くの教師に嫌われています。「書くこと」を嫌うその教師たちは、こういっています。

1 そもそも、子どもは、書くことが嫌いなのだ。
2 書くことは、能力差が大きくて、授業に導入できにくい。
3 書くことは、授業にとって非能率であり時間の空費でしかない。
4 書くことを授業に取入れると、授業の流れがぎくしゃくして、スムーズに行かない。
5 書くことといっても何を書かせていいのか、書かせたものをどのようにするのかそれがわからない。
6 書くことが、ほんとうに学力になるのか。
7 家庭の学習か、自習時間に書かせたらいいのではないか。

8　特に指導しなくても、やがては、書けるようになるのではないか。

右の八項目、一見、事実をおさえた理由のようにみえますが、これらは、いずれも、「書くこと」についての認識不足、指導技術の貧困、さらには、授業に対する取組みの怠慢といってもよいかと思います。

第一の「子どもは書くことが嫌いだ」というのは、子どもの学習の実態を知らない者のことばです。子どもはそもそも書くことが好きです。書くことを嫌いにしたのは教師です。たまたま担任した子どもたちが、そういう前歴をもっているとすれば、こういうとらえ方の出てくることもいなめませんが、それを動かしがたい実態ととらえるのは誤りです。指導によってなるべく早く書くことの好きな子どもに育て直さなければなりません。

子どもたちが、書くことが好きである実態をストレートに見せてくれるのは、一年生の国語学習入門期でしょう。平仮名やアラビア数字は、あの手この手で書く稽古を積ませないとものになりません。この指導で文字を覚え、書くことになじみ、書くことのおもしろさを感じとるのです。一年生の担任であって、「書くこと」の指導を粗略する教師はないはずです。二年生まではたいてい、その指導から「書くこと」を離さないはずですが、三年あたりから、教科書の文章がむずかしくなり、読むことや、解釈で手いっぱいになってくると、書くことなど、顧みられなくなります。中、高学年にも、「書くこと」指導に関心を持つ教師はいますが、担任がかわると、多くの場合「書くこと」が遠ざけられ、子どもたちも、書くこと嫌いの不幸におちこんでいくのです。

2の「能力差が大きくて授業に導入できない」これがいちばん多く聞かれる声です。

ここでとりあげられている能力差というのは、大部分が、速く書ける子と、そうでない子の落差なのです。一斉指導の中で何かを書かせようともくろんでみても、そこに、あまり大きな遅速の差があると、それが授業をつまずかせるきっかけになります。したがって、研究授業などでは、そんな冒険は避けて、上位の子どもたちを相手の発問―応答の事なかれ授業へと傾いていくことになります。

四十人の子ども集団、何事についても、能力差はついて回ります。しかし、これは、固定していて動かし得ないものではありません。指導によって、クラスの筆写速度をある水準にそろえること、さらには、その水準線を高めていくこと、それは、そんなにむずかしいことではありません。そこに着眼し、順序を踏んで指導すれば、容易に解消することなのです。

3の「書くことは授業にとって非能率だ。時間の空費だ」ということの意見もよく耳にします。

なるほど、書くということは、読むことや、話すことの活動にくらべて、個々の活動は、多少多くの時間を必要とします。しかし、それが空費であるか、非能率であるかどうかということは、その学習に、どれだけの人数が、どれだけ濃密に集中して学習できたか、そしてその学習が、どれだけの成果を保証してくれるか、確かな保証はできないまでも、手ごたえと期待がもてるかによって、その評価がきまると思います。

「書くこと」の時間を気にしたり、批判したりする教師が、内容の空疎な、実りの少ない発問応答で、はるかに多くの時間空費をしていることには気づいていないのです。

「書くこと」が時間の空費につながるという授業も確かにあります。しかし、その多くは、その書くが授業に組織されていないとか、前項で述べた、子どもたちの、筆写速度を、一定の水準にとどかせず、落差の大きいままで授業に臨んでいる場合でしょう。この二点がおさえられてくれば、「書くこと」は授業の随所に挿入されて、支障を起こさないばかりか、指導を個別化し、学習に集中させますから、非能率どころか、非常に効率のいい授業が期待できるわけです。

4については、2の能力差云々のところでふれました。よき授業というのは、あたかも水の流れるように、すらすらとよどみなく、予定された路線の上を、スムーズにすすめられる指導で、四十五分のどこかでつまずいたり、脱線したりするようなことは未然に警戒され、防がなければならないということでしょう。しかし、こういう事なかれの授業はやがて、それがマンネリ化して、子どもたちにアピールしない冷えた授業に堕ちる危険もはらんでいると思います。
「指導案は破るために書く」というショッキングな警句がありますが、創意をもくろむ授業には、冒険とまではいわないまでも、何かの試みが盛られているはずです。そしてそういう授業ではスムーズに事の運ばないことが起こりがちです。もちろん、子どもたちの学習をそこなうようなトラブルは避けなければなりませんが、実践の開拓を意欲する国語教室に、失敗や、つまずき、試行錯誤の伴うことは当然のことといえるでしょう。授業にオリジナリティーを求める場合、「書くこと」が欠けることはないはずです。むしろ「書くこと」を縦横に生かすことがもくろまれてこそ、新鮮な指導の開拓が得られるのではないでしょうか。

5の「何を書かせるか、書かせたことをどう生かすかわからない」というこのうったえは、「書くこと」の指導をいくらか手がけてみてのそれだろうと思われます。「書くこと」を授業に導入する、組織するということは、一つの指導技術です。ですから、一回や二回の経験でものになるはずはありません。書いたものをどう生かすか、教師自身で、あれこれと、試行し模索して、その指導法をわがものにしていくのです。指導書をみたり、研究書を読んだだけの借物で授業をしている教師からはよくこういう泣き言が聞かれます。これでは専門職にたずさわる人間としての恥さらしです。逆に「書くこと」を授業に生かす技術をもつことができれば、授業者として指導の道が、広く開けてくることになります。

六番目は、「書くこと」は家庭でさせてはどうかというのです。もし学校でということであれば、自習の時間にでもというのです。ここにも「書くこと」は時間の空費だ、なるべくなら止めておこうという敬遠意識が動いています。さきに述べましたように、「書くこと」といってもさまざまですから、どうこうときめるわけにはいきません。ただ、視写のような学習、特に筆速を高める練習などは家庭その他、できるだけ多くの機会をとらえて学習させます。クラスには、書く手がひどく遅い子がいます。こういう子どもには、「この一ページを、五分で書けるようにけいこしてきなさい」というような課題を与え、家庭での練習時間を多くもつようにさせる、ということであれば「書くこと」への積極的な姿勢といえましょう。視写のように、機械的な一面をもつ作業は、宿題にしても、さほど負担にはなりません。もっぱら制限時間内に書き上げることを目標に書かせていると、そのうちに速度も上がり、書き慣れもできてきます。

学校によっては、〇〇タイムなどと名付けた短い特設時間を設け、筆写能力の向上を図り、成果をあげているところもあります。

最後の子どもに嫌われる「書くこと」を無理にやることはない、そこそこ書かせていけば、「そのうちにどの子も、何とか書けるようになる」というとらえ方、これもまちがっています。授業（学習）における「書くこと」、書く力は、先々のためにあるのではなく、現在、ただ今個々人の学習を支え、充実させる力でなければならないのだという認識に欠けています。

一年生は一年生相応の、六年生にはぜひこのくらいの書く力をとねらう、極めて現実的な課題なのです。

どこのクラスにも、一割か二割、さほど教師の手をわずらわさなくても、すいすいと書ける子どもがいます。この子どもたちが、教師の目を狂わせるのです。「あの子たちは特に指導したわけではないのに、あのように書けるじゃないか、だから、外の子もそのうちに……」とみる、これが教師の甘さというか、気迷いというか……。しかしこの楽観は許されません。

大部分の子は、その時、その場での指導が必要なのです。小学校時代学年を追って指導してもらった子は、生涯書くことを手から離さない言語生活者になる素地ができますが、そうでない子は、葉書一枚書くのもおっくうがるような書くことと無縁な人間になりかねないのです。前担任者が、そのような指導をしてないとみてとったら、学年初頭、まずこの指導に手をつけるべきです。それが年間の学習効率、指導の徹底に非常に大きな影響をもたらします。

2　研究授業に問題はないか

「書くこと」が嫌われたり、厄介物扱いになっている、そもそもの原因はどこにあるのか。これは、もちろん個々の教師の授業観？　指導技術によるところですが、わたしの見てきた国語教室には、大なり小なり、「書くこと」敬遠、「書くこと」忌避の体質というか、ムードというか、そういうものがうかがわれました。また、中には、指導力の低いこと、つまり「書くこと」についての関心がない。認識の不足によるものも少なくありません。

授業における「書くこと」がなぜこうなのか、わたしは、次のように考えてみています。これは、わたしの憶測であるとともに、わたし自身の研究の貧しさに依ることでもあったのです。

結論から書きましょう。

――その原因は、研究（公開）授業にある――というのです。この種の授業は、校内、地区、その他いろいろな所で数多く行われています。研究授業がさかんに行われるということは、研究授業に、多くのメリットが期待できるからでしょう。しかし、研究授業にも、功罪、つまりプラスとマイナスがつきまとっていると思います。そのマイナスが、「書くこと」の低調にみられるというのが、わたしの観察であり、見解なのです。もう少し具体的に述べてみましょう。

研究授業といっても一色ではありません。いろいろな目的で行われていますが、ここでとりあげるのは、一般によくみられる、指導法の研究、指導技術向上のための授業です。

こういう研究授業は一人の教師が一年に一回は多い方で、二、三年あるいは五年に一回くらいでしょうか、めったに回ってこない授業です。ですから当事者にとっては、なかなかの重荷だといえましょう。

研究授業であるかぎり、その授業には、授業者の日ごろの研究が公開されているべきですが、必ずしもそうでない授業が少なくありません。順番だから、久しくやっていないから、係になったのでなどと、積極的な研究意図をもって臨んでいない授業もあると思います。

もちろん、すべてがそうだとはいえませんが、こういう授業の多くは、無難に、さらっと、まずまずのところで事が終われば、それでOKといった取組み方をしているのではないでしょうか。

そうだとすると、その授業には、これといった、工夫や、新鮮な発想などは期待できませんし、参観者がその授業に学ぶことも少ないでしょう。

冒険がない、創意がない、ありきたりの発問、それに対する上位の子どもの応答で時間の大部分が消化されます。書くといえば、板書をノートする。読むといえば、これも上位の何人かが音読をする。工夫といえば、ワークシートに、吹き出しを書かせることくらいでしょうか。

多くの研究授業は、これで「結構でした」がもらえるのです。お互にこういう授業を見せ合い、認めあっているのですから、特別に辛辣な指摘を受けることもないでしょう。上位の子どもが十人ほどにぎやかに挙手をして少し活潑な応答を展開すれば、必ず讃辞がもらえて、お役御免ということになっています。

いつとはなしに、こういう事なかれの、一見スマートな授業が、いい授業のモデルになってきています。ふだんの授業で、格別の指導もしていない「書くこと」を、不用意に授業へ持ちこんだりすると、それこそ、能力差が暴露して、大きなつまずきを起こさないとも限りません。そんな危険なことは避けて通るのが賢い授業者でしょうか。

授業後の批判の席であるいはとの懸念があれば、四十五分のおしまいの四、五分のところに、ほんのちょっぴり「書くこと」を按配して、お茶をにごすという策をほどこしておきます。

いささか、作りごとめいた研究授業の記述になりました。そんな授業は存在しないよと、指摘されるかもしれません。ぜひそうであってほしいと思います。

ところで右に書いたような授業、あれはひとごとではなく、わたしの授業でもあったのです。わたしは、長年附属小学校で勤めました。附属小学校というところは、しょっちゅう授業を公開しなければならないし、それを求められるところです。もちろん、その授業には、研究の意図をもったものもありますが、他方参観者へのサービス的な授業もしなければなりません。

子どもたちが、五分も十分も黙ってものを書くというような地味な授業は、参観者には飽きられます。もっと派手な、かっこうのいい、見ておもしろい授業をと考えます。いちばんてっとり早いのが発問を工夫し、子どもたちを対教師、対級友の形でエキサイトさせることです。

こうした授業をすすめるにも、聞く力、話す力、読む力を養うことは心がけましたが、書くということは、どうしても手薄になります。そのうちにいろいろなテストや、調査をすすめてみると、達者に話せる子、独自な発想をもって読める子など、上位の子どもでも思いのほか、基礎的な学力に欠けるところのあることがわかってきました。上位がこうですから、クラスの実態は推して知るべしです。

みせかけのかっこいい授業の盲点を痛烈に批判されるわけです。

どうして、このような授業をたてなおすか、わたしは、徐々に参観者へのサービス、研究公開でのかっこよさなどを脱ぎ捨てる努力をしました。そして、何をおいても、子どものための授業に徹しようと考えました。それは、発問を軸にした授業の整理と、「書くこと」の大幅な、授業への導入です。すでにいくらかは、そのような指導を手がけていましたから、この切り替えには、それほどの抵抗はありませんでしたが、しかし「書くこと」をしっかりと授業に組織するまでには、かなりの紆余曲折がありました。

子どもといっしょに、十分間も、黒板に向って視写をしていると、これでいいのかと懐疑的になったり、主義主張のために、かたくなな実践にこだわっているのではないかなどと、変な空白感におちこんだこともあります。

こういう授業を参観するのは退屈です。ですから、わたしが板書をしている間に、そっと教室をぬけ出す参観者もよくありました。

研究公開の場合など、人混みの中で出るに出られず、あくびをかみころしている参観者のいることも背中に感じられました。

しかし、「書くこと」の指導技術をものにするかしないか、それを少しオーバーにいえば、それはわたしにとってまさに背水の陣を布くことなのです。このように追いつめられた切迫感の一方、読むことの指導における「書くこと」の導入は、国語教室に涼風を吹きこませる窓ではないか、わたしにはそんな期待も生まれてきていました。

3 「第三の書く」をふり返る

国語科という教科が誕生したのが一九〇〇年（明治三十三年）です。ことしはそれから八十六年、国語教育界は、多くの先人によって幾多の国語教育論、あるいは、実践的な指導法の開拓がすすめられてきました。それらについて、わたしの知るところは極めて狭く、またたいそう浅いのですが、わたしの関心を寄せざるを得ない「書くこと」について、どのような業績が遺されているか、ちょっとそれをかいまみてみようと思います。

書写、習字、ことに作文については、多くの実践家が名を連ね、すぐれた業績が遺されていますが、わたしの主張する「第三の書く」に類する書くについては、あまり顕著な事例をみることができません。作文や、書写のほかに何を書いたか、思い当たることといえば、板書をノートする、漢字の書取り、短文を作る、答案を書く、それに戦後になってさかんに行われた、感想を書くなどでしょうか。

指導法といえば、「読むこと」の指導におけるいわゆる指導過程論が、にぎやかに論議されましたが、この指導過程の中にも、「書くこと」の存在は案外希薄だったと思われます。

この点についてひとり、芦田恵之助先生は、早くから、「読むこと」の授業の中へも「書くこと」を導入されています。

大正五年（一九一六年）に出版された『読み方教授』に、

読み方教授に於て書くといふことは重要なる作業である。手本を見て、字形、筆意等を練習する書き方は、国語教授といふよりも技能教科としての意義が強い。

ここにいふ書くといふことは、技術の練習というよりも、之によつて文字を記憶せしめ、之を運用して文義を深く会得せしむる義である。

と述べているところがあります。右引用の前段は当時の「書き方」現在の「書写」ですが、後段最後の一句「之を運用して文義を深く会得せしむる義である」には、わたしのいう「第三の書く」に通じるものがあります。

芦田先生は、このあとに「寺子屋時代の教授」にはなかった「読むことと書くことを結び合せる」指導をとくにとりあげ、また、視写による独学体験、さらには、「書くこと」が、漢字の習得、当時極めて困難とされた仮名遣いの学習、読解や作文にも深いつながりのあることを述べておられます。

その後先生は、読み方の指導における教式（七つの指導過程）を創案し、その教式の中核的な位置に「かく」をすえました。ここにも「書くこと」についての芦田先生の認識がなみなみならぬものであったことをうかがうことができます。

わたしは、芦田先生のこの「書くこと」に大いに学ぶところがありました。後にまた、その点にふれることがあると思います。

とにかく、発問をできるだけ少なくし、「書くこと」を多彩に展開する指導を試みました。

しかし、その間こんな学習が果たして子どもたちの力になるか、ロス時間でしかないのではないか、わたしは幾度となく、空白感におそわれました。といって、わたしには、「書くこと」を措いて、別の道はありません。

そのうちに、わたしも、子どもも、「書くこと」に慣れてきました。ひたすらに視写を続けているときなど、国語教室には、次第に深い充実の時間が得られるようになってきました。子どもたちに書く力（慣れと筆速）が育ってくると、授業に厚味ができてきます。多面的な書くが案出されてくるのです。

普通、わたしたちの言語生活においては、聞くことと話すことが七、八〇%かそれ以上、その次が読むこと、これが一四、五%程度、あとの三%か五%が書くことだといわれています。この自然な、言語活動に、わたしたちの国語科指導が単純に即応するとなると、話しことばの優先、書くことは、二の次三の次ということになりそうです。話しことばの指導を軽視することはできませんが、指導の体系は、読むこと優先になっています。これにはこれで当然の理由があるはずです。

ところで「書くこと」はどうか、右の数字の通りでよいか。

「書くこと」の中でも、「書写と作文」は別として、わたしの主張する「第三の書く」は、すべての言語学習を支え、これを確かにし、豊かにするはたらきをもつものなのです。それは、固定した書くではなく、ことばの学習の中にもぐりこんで、さまざまに機能する「書くこと」なのです。ですから、国語科の指導に当たる教師たちはみな、読むこと、作ること、聞くこと、話すことの指導力、指導技術と同様、「書くこと」についても、しっかりした指導能力をもつべきです。しかし、この点はすでに述べてきたように、従来、ひどく軽んぜられてきたといえるでしょう。

三、「第三の書く」の展開

1　視写のポイント

(1)　慣れと筆速を育てる

一五ページに掲げた図式（表1）には、「第三の書く」と名付けて束ねた、いろいろな書くが並べられています。これらの書くは、学習の随所に生かされて、その学習を効果的にするものですが、そのようなはたらきをもった「書くこと」は、いつでも、どの子にも、すぐにできるというわけにはいきません。まして、このような書く学習は、聞くこと、話すこと、さらには、読む学習と、同時に並行して行おうとするものですから、そういう学習に即応できる「慣れ」と「筆速」を必要とします。

「慣れ」と「筆速」をもたらす指導の過程を踏ませず、授業中にいきなり書かせようとすると、たいていは失敗します。すでに述べたように、「書くこと」の忌避、敬遠の原因の多くがここにあります。

「書き慣れ」と「筆速」をもたせることは、「第三の書く」を展開していく基本的な条件です。

さてこの「慣れ」と「筆速」をどうして身につけさせるか、わたしは、その指導に「視写」をとりあげてきました。

視写は、文字通り、書かれた、文字、文章を視ながら、書き写すことです。国語教室の場合は、当然、教材文を書き写すことが多くなります。

すでに書かれたものを視写するということは、古くから盛んに行われてきました。印刷術以前は、もっぱらこれによって、経典、著作、記録などの写本とその流布が行われてきたわけですし、そのためにいろいろな異本も生まれました。

視写には、機械的な作業としての一面と、他方、視写の対象を理解するという別の一面が随伴しています。

いまここで述べようとしていること、すなわち、「慣れ」と「筆速」を視写に求めるとすれば、まず、前者が指導のねらいになります。といっても、両者を画然と分けることはできません。

さきにあげた「第一の書く」書写は、正しく書くことがねらいですから、スピードは、要求しません。なまじっか、速く書こうとすると、文字が乱れて、正しさ、確かさが崩れます。そのため、

「書取り」という学習では、きびしくそれを戒めています。

しかし、すでに何度も述べましたように、聞きながら書く、読みながらの書くは、目的がより確かに聞くとか、クラス全体が短い時間に読み取ったことを書きとめるなどということがねらいであって、文字の確かさは二の次、まずはスピードが求められるのです。したがって、そこに書いた文字は、他人に読ませる文字ではなく、その時、その場で、書き手（読み手）に読めさえすれば一応の目的を達するという文字です。

そういう文字は、おそらく不正でしょう、乱れているでしょう。そうです。日本の教師は、こういう文字を極端に嫌いました。文字の乱れはきびしく戒めてきました。文字は常に「正しく、ていねいに」これが第一のモットーなのです。書写のねらいとしては、これで、当然だといえます。しかし、このねらい一本では、学習のいろいろな場に書くことを適応させることはできません。これまで、日本の教師は、文字の正しさに潔癖すぎて、もうひとつの側面、すなわち書くことを多面的に機能させることの指導については、手ぬかりがあったといえるでしょう。

さて、この「慣れ」と「スピード」の指導ですが、これには、「視写」が最も適切だと思います。これによって、クラスの子どもたちの、書く力を一人残らず、ある水準線に高めていくのです。

自然放任の状態では、速く書ける子どもから、非常に遅い子どもまで、大きな落差、そしていくつもの段階ができています。このままでは授業の中の「第三の書く」はつまずきます。だからといってわたしたちは、この落差をなくしてしまうことはできません。しかし、これを縮めること、つまり、下位の子どもを引上げ、クラスのレベルを高め、それをある水準にもっていくことは、そんなにむずかしいことではありません。だが、一般に「書くこと」については、このような点にねらいをつけた指導は行われていません。放任とはいわないまでも、右の落差はどうにもならないものだと、手をつけられていないことが多いのではないでしょうか。

算数の指導における「九九」を例にとってみましょう。あの「九九」がものにならなければ、乗除の学習はどうにもなりません。いうまでもなく「九九」の学習にも、そのスタートにおいては、必ず落差があったはずです。でも、それをそのままにしておくことは許されなかったのです。指導によって、全員が「九九」をものにします。「九九」は、算数学習の基本です。一部のできる子だけができればいいというものではありません。百%を求めなければならないでしょう。

書く力も、これと同じです。これが、ことばを学ぶ「九九」に当たるともいえそうです。ことばを学ぶ基本能力です。クラスの全員が身につけなければならない力です。

ところで、多くの子どもたちの場合、どちらかというと、ゆっくり、ていねいに書くことより、学習の場に即して、速く書くことは、むずかしいのです。

この、むずかしさの克服が、「第三の書く」の大きなポイントです。これを避けて通ることはできません。

そこでどうするか、四月、三年生を担任したとします。その時点で、担任したクラスが、一体どのくらいのスピードで、文章の視写ができるのか、簡単な調査を、一、二回やってみます。視写の対象は、教材文（説明的な文章がよい）がいいでしょう。ノートを開かせます。
○競争ではない、自分のペースで書くこと。
○文字は、あまり乱暴にならないように。
○五分間集中して書く。
○ストップしたあと、漢字仮名をコミにして、各自に字数を数えさせる。
○各自の字数を整理して、クラスの平均視写速度（分速―Xx）をとらえる。
子どもの筆写速度は、安定していませんから、こうしてとらえた数値はさほど確かなものではありませんが、それでも個々の子どもの筆速の差、クラスの平均値は、その後の指導の拠りどころになります。とにかくこのあたりを基点として指導を始めるのです。

「書くこと」の指導を怠っている教師も、読むことの指導の中で、ときたま書かせることがあるだろうと思います。そんなとき、子どもたちの筆写速度が、意外に遅いこと、遅速のバラツキのひどいことに気づくと思います。これが指導の手の加わらない、教室の実態なのです。こういう状態では、うまく授業にとりこめません。すぐに「書くこと」をやめてしまいます。

しかし、この実態も、順序をふんで指導すれば早くて、二か月、おそくとも三か月でみちがえるようになってきます。(四年生でクラス平均分速二四、五字)書く力が上昇してくると、指導の展開に、いろいろなバラエティーをもたせることができるようになります。

さて、右の順序をふむということ、それを具体的に示すとおよそ次のようなことになります。

1 視写は常に、教師と子どもが同時進行で行う。
2 教師は板書、子どもはノートに書く。
3 このとき大切なのは筆速。教師は、教師自身何回かの試書きによって、さきに調べた、クラスの平均筆速を、手の中に入れておく。
4 この筆速で、全員の視写速度をリードしていく。
5 教師のこの筆速は、上位の子どもには、まどろっこしい速さであり、下位の子どもには骨の折れる速さだろう。
6 そこで、速い子には、ていねいに書くこと、遅い子には、多少の乱れはOKにしてなるべく教師から遅れないように、そして、ひたすら、全員がそろって書き上げることに集中させる。
7 視写の時間は、低学年で五分〜七分、中高年で七分〜十分ぐらい。一単位時間内に、普通一回、ときに二回。

8　書き上げたら、そこで、二、三分調整の時間を設ける。乱れた文字を直させたり、遅れてくる子を待ってやったりする。

9　こうした視写をくり返していると、そのうちに、書き慣れてくるし、速さもそろってくる。特に遅い子は、家庭で練習の時間をもたせるようにする。

10　視写に慣れるに従って、教師は徐々にスピードをあげていく。

視写という作業を細かく分析すると、

○字面を見る。

○ある語、あるいは分節を読む。

○それをとらえる。

○とらえたものを筆端で文字にする。

○文字にしながら意味をとらえる。

というような複雑な過程を経るわけです。したがって、能力の低い子どもが、遅筆になるのは当然のことといえるでしょう。でも前述のような配慮で視写をすすめていますと、見る、読む、書くが一連の作業として、スムーズに流れるようになります。

右に述べたことは、視写の作業的一面、つまり、視写によって、筆速を高め、書き慣れの心理的親熟感をもたせる指導でした。

どちらかというと、機械的な反復ですから、子どもには飽きられたり、嫌われたりという、問題が起こりそうですが、それがそうでないのです。無理をせず、基準のペースで書かせていると、まもなく書くことに慣れてきます。慣れてくると、視写に集中できるようになります。クラスの全員が、教師のリードで、視写に集中してくる。このような教室の快い緊張は、他の学習では容易に得られません。よほどすぐれた教師の話術と話題をもってしても、この指導に匹敵する深い聞き方に全員を引きこむことはむずかしい。しかし、視写は容易にその集中を可能にするのです。しかもこの学習は、その一回、一回が、子どもの書写力となって累積していくのです。

ただし、過半数の子どもは、まだ文字の正しさは確保できていないでしょう。この子どもたちにとって、正しさとスピードは、なかなか両立しにくいのです。それは当然のことです。そこで、短い時間でいい、随時書写の手本によって、正しい文字の練習をさせて、字形の崩れや、まずい書き癖などを直させます。しかし視写を続け、速度が高まって、ゆとりができてくると、文字も、自然に正しくなっていきます。子どもたちの見て書く教材文の活字は、ほとんど全部筆写体ですから、これが、書写手本の代役をつとめてくれるわけです。

こうして、子どもたちは、視写における文字の速さと、正しさの矛盾を次第に克服していきます。もちろん、それは、学年相応の速度であり、学年相応の筆蹟なのです。

わたしの経験では、視写の速度（クラス平均）分速――低学年一五字〜二〇字、中学年二〇字〜二五字、高学年で二五字〜三〇字くらいが目標ではないかと考えます。（高学年の視写する文章は漢字が多いので、低学年に比べて、字数がふえない。）

大切なことは、クラス平均というところです。どの子もある水準にとどいていないと「書くこと」は授業に生かされません。少していねいに指導をしている学校はたいてい右にあげた数値を上回った速度で、しかも、きれいな文字が書かれています。クラス平均三〇字の学級では、四〇字五〇字という子どもも大勢いると思います。視写の学習は、ゆっくりていねいに書けと指示した上位の子どもの筆写力にもプラスの作用をしているのです。

まともな文字で、コンスタントに一分間三〇字書ける力は、もう書くことにはこと欠かない大人なみの筆力です。葉書、日記、メモ、ノート、書こうとすればすぐに筆が動いてくれる力です。六年生までにはぜひこの力を育てておいてやりたいものです。

(2) 読むために視写する

「視写」によって上記のような指導ができるほかに、書き写すことが、それを読むこと、理解することとつながるという、もう一つの大きなメリットがあります。

私の文章の読みは、手写から始まってゐる。私達の少年時代には、今のように印刷術も進まず、謄写版の如き簡便なものもなく、副読本的のものも、模範文も、すべて先生が板書し、生徒がこれを書写した。書写の作業が、一時間も二時間も続くことがあった。

しかし写していると自然に了解される。だから先生は写させたままで次の過程に進まれることが多かった。

写していると、読んだだけではわからぬ箇所も、だんだんにわかって来る。そして一つ一つ細かい言葉の相違までもわかって来る。写すことは、読むことを深める最も直接なる方法であった。

筆者の金原省吾氏（昭和三十三年歿）は東洋美学を専門とされた方ですが『言語美学』その他国語及び、国語教育に関連の深い多くの著作があり、昭和の初期、青年教師だったわたしたちは、大いに啓発をうけたものでした。

右に引用した文章は『国語科学講座』（明治書院　昭和十一年刊）の一節です。

A　視写の作業が一時間も二時間も続くことがあった。

B　先生は写させたままで次の過程に進まれることが多かった。

C　しかし、写していると自然に了解される。

D　写していると読んでわからぬ箇所もだんだんわかってくる。

E　一つ一つの細かい言葉の相違までもわかってくる。

F　写すことは、読むことを深める最も直接なる方法である。

右のA、Bは当時よく行われていた学習法であり指導法だったと思います。読む学習は、ひたすら書くこと、書かせることであったらしい。書き写しが終わったらその教材の指導は終わる。そして次の過程に進むという、素朴、単純な指導ともいえない指導ですが、今日的な目で読むと、そこには一種のさわやかさが感じられます。それでいて、金原少年は、C、D、Eのように視写を手がかりに、ちゃんと学ぶべきことを学んでいるのです。人並外れた秀才であったにちがいありませんが、これは他の子どもにも広げることのできる学習であり指導です。

おしまいのF「最も直接なる方法である」という力強い立言は、少年時代はもちろん、長い読書体験をふまえてのものだろうと思います。傾聴すべきことばです。今日、直接なる方法が、発問であったり、分析、追求の精読以外にないと思っている教師は少なくありません。しかし、「書くこと」に無関心な教師、視写の経験をもたない子どもたちは、まったく逆な受取り方をしているといえそうです。

視写が読むことを支えるという事実を述べた文章は、数多くみかけます。これは多くの人が大なり小なりそういう経験をもっているからでしょう。この事実を、ことばの指導に生かさないという手はありません。

余は小学時代の中等科二級一級の頃から、漢文物を除く外は、悉く教科書をうつして使つたものだ。その努力は今から思ふと甚だ愚な事のやうであるが、これが産出した無形の力は、きはめて尊いものがある。当時はよい指導者がなくて、家貧なるが故に、数十銭の書を、数銭の半紙と己が労力で購はうといふ、費用節約の意味からばかりながめたから、仲間にも耻かしいやうな気がしたが、もしその作業が学習を確実ならしむる尊きことの意に指導せられたら、どれほど大なる効果をもたらしたかと思ふ。要するに書くといふことは読み方教授の効果を確実ならしむる方法である。（傍点筆者）

『読み方教授』（芦田恵之助著）の一節です。この視写は止むを得ずの視写です。芦田先生は、この視写学習を卑下し、情なく思っています。しかし、皮肉なことに、この視写は効果的でした。もし教師が、この視写の値打ちをわきまえていて、「君、それはいいことだ。いい勉強だ」と励ましてもらえたら、その成果は、いっそう大きかっただろうにと、どこかに、教師をうらむ口吻がうかがわれます。似たようなことは菊池寛も経験しているようです（昭和六十年三月三日読売新聞「日曜版」）。

また、書写につながる述懐として現代の読書状況を語る次のような文章もあります。

書物の記述の中にこめられた著者の深い思索にたどりついてゆくところに、仕事としての読書が、楽しみとしての読書に昇華してゆく過程があるとするならば、その過程の端緒をなすのは、ノートをとり、場合によっては、主要な部分を筆写するほどにして、その記述をわがものとしてゆく作業であった。

著作の思索を追体験するまでには、こちらが相当の時間をかける必要がある。ノートをとるメリットの一つは、それに要する時間とあわせて思考にあてられるということである。

しかし忙しい今日では、しばしばこの過程が簡略化される。ノートのかわりに事物にアンダーラインをひいてすませ、さらには複写機でコピーをとって手許におくことで安心する。それによって時間を短縮してより多くの情報を入手するかわりに、思索のあとをたどる時間は十分活用されなくなる。

コピーの普及は、どうも思考の省略を招いているように思われてならない。(「仕事と楽しみとしての読書」　蓮見音彦)

安直に手にすることのできる、コピーによる情報の入手が、実質的には、読書の核である思考、思索を後退させることになる。つまり、ものは得たが、逆にその得たものより大きいもの、大切なものを逃しているということでしょうか。

読書を仕事にする人には時間がないかもしれない。しかし、子どもたちの学習時間は、「書くこと」ができないほど窮屈ではないはずです。

(3) 視写から作文へ

――当時流行作家として有名だった某氏の代表作を一応読んでから、その小説を原稿用紙にそのまま書き写してみた。

文章の息の長さや句読点の打ちどころを覚えるためだった。文章を原稿用紙に書き写してみると、その作家の癖が分って来るし、必ずしも文法通りに書いているのではなく、文脈は明らかに乱れているのに、読んでいて気にならないことや、恰好のいい語彙を並べ立てて、読者を魅了する方法のようなものが、なんとなく分るような気がした。(中略)

私はこの原稿用紙への書き写しの作業をやってみて、既成作家がそれほど恐るべき相手でないと思った。このくらいの文章なら、私にも書けるような気がした。(『小説に書けなかった伝記』新田次郎)

読んでわかるように、これは、作家としてかけだしのころの新田次郎氏が、ご自身のことを書いた文章です。

1　はじめは、句読点の打ち方の要領を学ぶために、流行作家の文章を視写した。

2　そのうちに、視写した文章の、書きぶり（表記法や文法的なこと）がわかってきた。

3　そして、この程度の文章なら、自分にも書けるという自信をもつ。

新田氏のこの視写は、表記の学習、文章の理解、表現への意欲というように、総合的な効果をもたらしているといえるでしょう。

理解から創作へという視写の例として、こんな話もあります。

――芥川の話を聞いている間に、一高生の堀辰雄がやって来た。もう既に肺を病んでいるかと思われるほどあお白い顔をしていた。それにまだ少年らしい感じをぬけきっていなかったが、あの点のからい芥川から才能を認められているようであった。

堀辰雄が、創作修業のため志賀直哉の短編をゆっくり筆写していると言うと、芥川は相づちを打って、自分も名作についてそういう試みをしてみようと思いながら、実行せずにいる、と言って堀の心がけに感心していた。（『自伝抄――万華鏡』　高橋健二）

小説の神様といわれた志賀直哉の作品は、丹羽文雄、尾崎一雄その他多くの作家志望者に視写されたり、暗誦されたりしているようです。

（4）視写のメリット

このように視写は、これと思う文章を書き写すだけで、

1　文章に書きなれ、速く書き写せるようになります。

2　文字やことばの使い方、記号、改行など表記に関する基礎を確かにすることができます。

3　文章を視写することが、音読や黙読ではとどかない文章理解の道を開いてくれることは、多くの読書人の語るところです。

4　さらには、視写による、表記についての慣れ、文章の理解、その理解に触発をうけて、表現への意欲をもつこともできるというのです。

しかし、ここにあげた、いくつかの事例は、すぐれた知識人のものであったり、文筆を仕事としている人々のことで、子どもたちの学習とは距離がありすぎはしないかとお考えの方もあるでしょう。

ここまでのところ、「視写」が「第三の書く」の基礎過程として、大切なことを力説してきました。書くことはやらなければならないと考えている授業者は少なくないと思います。しかし、それがどうもうまくいかない、つまずいて後退する。その原因がどこにあるか、それは、この基礎過程、

つまり「視写」を通して、クラス全員の筆写力（慣れと筆速）を育てるところに手ぬかりがあったからだといえましょう。これを固めるのには、長くて三か月の継続指導があればいいのです。

こうして身につけた筆写力、それはその後の学習によってさらに磨きをかけなければなりませんが、身についたこの力は、すでに述べてきたように、国語科の学習はもとより、他教科の学習、さらには広く言語生活一般に生かされてくるようになってきます。

ここまでのところ、わたしは主として、「視写」による筆写力の養成について述べてきました。したがってその他のことには、さほど多くふれておりません。

「視写」は、単なる機械的な学習にとどまるものではない。「読むこと」を強化し、作文への道を開くというような、事例もいくつかあげてみましたが、視写指導については、まだまだ述べなければならないことがたくさん残っています。

このあと、順を追ってそのことをとりあげていこうと思います。

2　視写の板書――芦田先生に学ぶ

視写は、子どもたちだけでもできる学習です。ですから、新米の教師、国語科不得手の教師でも、思い立ったその日から手をつけることができます。

といっても、すでに細かく述べてきましたように、クラス全体の筆速と慣れがポイントですからその調整に気を配ることが肝要です。

こうした地均しの指導ができて、子どもたちの視写力が向上し、いつでも、すいすいと教材文が書けるようになってくると授業が引締ってきます。子どもたちも書くことに集中し、少なくとも、視写に関する限り、全員が充実した学習をすすめることができるようになります。

しかし、ここで、問題なのは教師の指導意識です。子どもといっしょに、板書をします。しっかり書けと要求するてまえ、教師の板書も、正しく、しかも美しく、そして学年相応の速さで書ける柔軟な筆写力が要求されてきます。

それには、教師も専門家としての板書技術を身につけなければなりません。芦田先生はいわゆる「師弟共流」のこの時間のことを、こう書いています。

四の「かく」（一六ページ参照）は、実に神妙なと思ふほど（子どもは—筆者註）真剣に行ずるものです。（中略）ペンの先に、それに関係したことどもを思ひ浮べながら、書いていくのですから真剣にならずにはゐられないでせう。ことに、師は全力を傾倒して板書するのです。児童は全力を尽して簿書しないではゐられますまい。私はいつもこの姿を見てこれこそ師弟共流の真教育であると思はないことはありません。（『教式と教壇』芦田恵之助）

ちょっとオーバーだなと読む人がいるかもしれません。芦田先生の「かく」とわたしの提案している視写とは必ずしも同じではありませんが、「書くこと」が醸し出す学習のムードには共通するところがあります。

しかし、子どもと同時進行で板書してきたわたしは、なかなか芦田先生の心境にはなれませんでした。恥ずかしいといえば恥ずかしい、至らないといえば至らないところですが、さきにも書いたように、こうして書きながら、「これでいいのかな。自分はそれを信じようとしているが、ほんとうにこの視写が子どもの読む力になるのかしら」などと視写の指導に迷いと疑いが湧いてきました。特に多くの参観者に背を向けて、視写の板書を続けていると、ふっとこのような懐疑的空白感に襲われることがありました。

ここに書きました、視写指導に共鳴され、それを始められるみなさんの中にも、おそらく幾度かは、右のような経験をされる方があるだろうと思います。

しかし、ここが大事なふんばりどころです。ここで退いたら、もとの木阿弥です。視写の十分間は絶対に空白の時間ではありません。視写すること、それだけで充分な学習（指導）価値をもっています。右に告白したような心境に落ちこんだことも事実ですが、他方、もしこの「書くこと」を手離したら、他にどんな指導法があるのか、ここはどうしても踏みとどまって、「書くこと」をわたしの授業の拠点にしなくてはと幾度となく考え直しました。

いささか、思わせぶりな叙述になりましたが、視写に伴ないがちな教師のこのような動揺を、予め知っておいてもらったらと思います。

3 視写のすすめ方とその板書

教師も子どもといっしょに視写をする。教師の視写は板書であると述べてきました。

四年生で一分間二四、五字の筆速だとすると、十分間では、二百四、五〇字書けることになります。

ところで、この二百四、五〇字を、黒板上にどう書くかです。仮に、教科書の教材文を視写するとなるとどうでしょう。教科書における一行の字数を、そのまま、黒板に移すことはできません（ある教科書の四年生で一行の字詰め二十七字）。黒板に書ける一行の字数は（わたしの経験では低学年で十字、中学年で十五字ぐらい）印刷された字数よりずっと少なくなり、逆に行数は多くなるわけです。

そこでわたしは考えました。どうせ教科書の字面通りには書けない。また書く必要もない。となるとむしろ、積極的に、板書の工夫をしてみたらどうか。そこで発案したのが次のような視写板書です。

①このように、それぞれの地方で使　1
われることばを、方言といいます。　28字　2

②東京には東京方言、大阪には大阪
方言があります。　　　　　　　21字　3

③わたしたちは、毎日、方言を聞い
たり話したりしながら生活してい
るわけです。　　　　　　　　33字　4 5 6 7

④それだけに、方言は、その地方の
人にとっては、親しみ深いことば
です。　　　　　　　　　　　　29字　8 9 10

⑤また、方言の中には、むかしのこ
とばが残っているものもあり、そ
の土地の生活から生まれたものも
あります。　　　　　　　　　　46字　11 12 13 14

⑥ですから、方言は、歴史と生活の
味わいがしみこんだ、なつかしい
ことばだともいえます。　　　　37字　15 16 17

（六文、一七行、一九四字）

右の文章は、G社四年生の教材文の一節です。印刷されている形は、①「このように」と書き出
して、⑥「いえます」というところまで六つのセンテンスが、一段落、つまり改行なしのぶっ続け

になっています。

でも、わたしは、これを板書するとき、右のように、一文毎に改行して書きます。このように書くとどうでしょう。

A　この一段落は、六つのセンテンスによって構成されていることが一目瞭然になります。文というものはこういう形で存在するということを知るのは大切なことです。

B　文には長短のあることがわかってきます。文の長短に着目することは、理解、表現のどちらにとっても大切なことです。

C　活字がつまっていて読みにくく感じられていた（下位の子ども）教科書の文章が、とても読みやすくなってきます。

D　個々の文章に書かれている内容（ことがら）が、はっきりしてきます。つまり、どんなことが述べられているかがわかってきます。

E　このように書くと、個々の文のキーワードが、とらえやすくなります。

F　さらに、メインとなるセンテンス、六つの文のつながり、まとまりなど相互の関係をとらえ、段落全体を理解するにも好都合です。

とこのようにみてくると、このように書かれた板書は、もはや単なる板書ではなくて、これは、そのまま新しく作られた教材だということができると思います。書かれている内容は、教科書の教材文と同じですが、右のような形に板書されると、教科書の教材文とはちがったはたらきをもってきます。そこで、そのはたらきにのっかって次のような指導（学習）を展開してみてはどうでしょう。

①　センテンスがいくつあるか。文というのものは、こんな形をしている。文は、文章の単位であるというようなことをいろいろな具体的な事例によって何回でも指導できる。

②　この板書は読みやすい。板書を手がかりにいろいろな形の音読の指導をしてみよう。

③　個々の文に述べられている内容を、キーワードによっておさえる。

④　文の長短認識、長い文は要注意ということ。

⑤　このように改行して書くと「このように」「それだけに」「また」「ですから」（この文章にはないが「しかし」「けれども」「ところで」など）といったつなぎのことばが、必ず文頭に現れてくるので、それに目をつけさせることによって文と文のつながり、文章の展開がわかりやすくなる。

⑥　低学年の揚合は、このように書くことによって主語の確認（主語の欠けた文に主語を想定させるなど）、主述の照応（述部の欠けたところに述語を補ってみるなど）などの文法的な学習を手軽におもしろくすすめていくことができる。

⑦　また、⑤の文のような重文（または複文）に気づかせ、これを二つの単文に分けさせて、文意を理解させるなどということもできる。

⑧　このように書くと、文末を比べてみるにも便利。文末の表現に関心をもち、これに注目するこ

とは、理解・表現いずれの場合も大切なことである。

⑨　段落の中心になる文と、従属する文をおさえ、文と文の関係及び段落全体の理解に導くという、読解のセオリーを身につけることができる。

子どもたちの学習としての視写は、最低限それをするだけで充分な学習価値をもっています。このことは、すでに縷々述べてきました。

しかし、このような板書、つまり教材文が新しい姿をして板上にのせられたらどうでしょう。手をこまぬいてそのままに放置するということはありますまい。きっと指導の触手が動くはずです。子どもたちも、大なり小なり、文章からの触発を受けているでしょう。つまり、視写する活動が、教師には指導、子どもには学習の動機づけになり、学習（指導）への意欲をかきたてるはずです。

こういう学習は、一見固くるしく、冷たそうですが、そうではありません。子どもは、ノートの上で、めいめいが、学習を確認、確保していけます。発問に対するめいめいの感想、恣意的な発言を否定するものではありませんが、そういうことばのやりとりだけでは、実のあることばの学習にはなりにくいでしょう。

また、前述の①〜⑨までの指導は一見、押しつけがましくみえますが、学習に慣れ、学習の方向がわかってくると、いちいち、指示や説明をしなくても、子どもたちには、学習のコース、学習のセオリー、つまり学び方としてとらえられ、自主的に学習するようになってきます。そして、例え

ば、

⑤の文に、「方言の中には、むかしのことばが残っている」「生活の中から生まれたものもある」と書いてあるが、ぼくたちの使っている方言の中にもそんなのがあるのか、事例をみつけてみよう。

というような積極的な学習が生まれてくるようになってきます。

視写の教材としてとりあげ、右のように板書してみたのは「共通語と方言」という説明的な文章です。説明的文章といっても多種多様で、それをどのように指導するかもさまざまでしょうが、それを視写するという過程を設定するとき、前述のような板書をしてみますと、そこから指導すべき内容なり方法が案出されてくる、そこにはおのずから共通点があると思います。

もう一つこれは指導以前のことであり、また指導に直結することとして、こういう利点もあげられます。

それは、このような板書をすることが、教材を知る、教材がわかる、つまり教材研究に通じるということです。

だれもが、授業以前に教材を自分のものにして指導に臨むたてまえになっています。しかし、小学校の場合、授業だけでも、数教科を担当しているわけですから、必ずしもたてまえ通り、常に充分な教材研究ができているとはいえません。毎日の授業の中では、ときに、その点ひどく手薄になっていることもあると思います。

そんなとき、一文毎に改行し、七分〜十分ゆっくり板書していると、金原省吾氏が書かれているように、文章がよく読めてきます。読めてくると、どう指導するかの策も浮かんでくるでしょう。そんなことでは、泥縄もいいところではないかと、批判されるかもしれません。批判は甘んじて受けなければなりますまいが、それでも、これで一応の指導はできるはずです。

わたしは、教材文のこのような視写を、授業の前によくやってみました。これがわたしの簡易教材研究法です。

教材文をノートに視写することによって、まず教材文を身近に引寄せます。
1　視写してよく読んでみます。
2　指導すべき文字、語句を点検し、ことによったら辞書に当たって調べ、指導の参考になることを抜取り、赤字で欄外その他に書入れておきます。
3　事がらに関することは、これもなるべく事典などを参照し、抜書き、あるいはコピーにとってノートに貼っておきます。
4　表記、文法などに関する事項中、特に指導すべきことは、書写した文に書きこみをしておきます。

5　各センテンスのつながり、つまり、段落の構成、さらには、前後の段落とのつながりを、簡単な図式に書いてみます。

6　手軽にかけそうなイラストも、かいてみておきます。

というように、教材文の行間や、まわりに文字による書きこみ、いろいろなマーク、図式、イラストなどが、書きこまれていくにつれて、教材はだんだん、わたしのものになり、指導の目安がたってくるのです。

この簡易教材研究に使うノートは、普通の大学ノートでも結構ですが、わたしは、早くから、スケッチブックを使いました。この方が、普通のノートよりいろいろな利点があるからです。

授業は毎日のことです。他教科の指導もしなければなりません。望ましいことであっても、国語科の指導だけに、学の蘊蓄を傾けてというわけにはいきますまい。かといって、教科書だけを、ぶらさげて授業に臨むことも許されません。

そんなことではとお叱りを受けるかもしれませんが、視写を手がかりにした教材研究を最低の方法とするわたしの提案はいかがでしょう。

4　文学教材の視写

文学的な文章の視写も、しばしば行いたいものです。低学年の場合はそうでもありませんが、中、高学年になると、長いものが多くなってきますので、視写をしようとしてもどこを切取って書くかとまどいがあると思います。

一つには、全編を通しての指導目標、さらには、個々の時間にとりあげる指導内容に即して、視写のポイントを決めます。

一般的には、その作品にみられる、いくつかのハイライト場面をとりあげるのが、指導（学習）両面からみて無難であり、効果的でしょう。

四十五分の時間内で、視写に当てて一応無理のない時間は、およそ十分くらいだろうと思います。（低学年では五分〜七分、中高学年では、八分〜十分）

今仮りにクラス平均、分速三〇字が書けるとしますと、十分間に三〇〇字ということになります。とすると、高学年の場合、教科書の活字面で、八行〜十行ぐらいになるでしょう。すでに書きましたように、行数が多くなりますので、板書のスペースとしても、このあたりが限度です。

物語の場合、仮りに、ハイライトの場面を三〇〇字、一段落か二段落を視写したとしても、それは、ストーリーの一部でしかない。その一部だけに、指導を集中させることが、はたして、物語指導の上策であるかという批判がないとはいえません。

もちろん、物語の全体に視野を広げ、ストーリー全体を俯瞰的に読むこともしなければなりませんが、指導のねらいによっては、部分の熟読も必要です。ただ、この場合も、視写をしたその一節と、その前後との関連、脈絡を考えて指導することは大いに望ましいことです。

今、ここでは、主として視写のことをとりあげていますが、後に縷々述べておりますように、「第三の書く」は視写だけでなく、バラエティーをもっていますから、指導の段階や、ねらいによって、いろいろな、書く活動を指導（学習）に生かしていくことができると思います。

①お母さんが、ゆみ子をいっしょ　14
けんめいあやしているうちに、お　14
父さんが、ぷいといなくなってし　14
まいました。　5
②おとうさんは、プラットホームの　14
はしっぽの、ごみすて場のような　14
所に、わすれられたようにさいて　14
いた、コスモスの花を見つけたの　14
です。　2
③あわてて帰ってきたお父さんの手　15
には、一輪のコスモスの花があり　14
ました。　3
④「ゆみ。さあ、一つだけあげよ　11

う。　1
⑤　一つだけのお花、大事にする　12
んだよう……。」　4
⑥ゆみ子は、お父さんに花をもらう　14
と、キャッキャッと、足をばたつ　13
かせて喜びました。　8
⑦お父さんは、それを見て、にこっ　13
とわらうと、何も言わずに、汽車　13
に乗っていってしまいました。　13
⑧ゆみ子のにぎっている一つの花を　15
見つめながら……。　6

教材文は、「一つの花」。ゆみ子が、父と別れる場面です。板書を想定し、一行一五字にしてみました。文の数八、字数約二六〇字、四年生で一分二六字は少し早すぎるでしょう。無理だとすれば、第一の文「お母さんが……」を省けば、ずっと楽になります。

これが、わたしの考える、文学的な教材文の視写、その板書のオーソドックスな形です。

このような視写のできたあとの指導の展開をどうするか、それは、読者のみなさんにおまかせしますが、さきにも述べましたように、こういう板書（子どもはノート）ができると、もうこれだけで、いろいろな指導が想定されてくるだろうと思います。

さて、次には、このオーソドックスな板書を、思いきって変えてみたらという例を挙げてみましょう。何度も書きましたように、視写の場合の板書は、機械的な書写しではない、この場合は新しい教材作りでなければなりません。そこで、こんな発想も生きてくるわけです。

しばしば例示したように、散文の場合、わたしは、一センテンスごとの改行書きを基本にしてきました。これは、文章解読のよりどころ、着眼の視点が、文にあるという考えに依拠しているのです。これが基本ではありますが、ときには、個々のフレーズ、あるいはもっと短く、分節で切ってちょうど、詩の表示のように、ずらっと横に並べてみるのです。

次の、板書例をごらんください。「大造じいさんとがん」のハイライト段落です。

Ａ

残雪は、
むねの辺りをくれないにそめて、
ぐったりしていました。
しかし、
第三のおそろしい敵が近づいたのを
感じると、

残りの力をふりしぼって、
ぐっと、長い首を持ち上げました。
そして、じいさんを
正面からにらみつけました。
それは、鳥とはいえ、
いかにも頭領らしい、
堂々たる態度でした。

B

らんまんと
さいた
すももの
花が、
その
羽に
ふれて
雪の
ように

清らかに
はらはらと
散り
ました。

散文でもこのように書いてみるのですから詩の場合はもちろん、そっくりそのまま板書します。一つの詩を二時間か三時間かけて読むとすれば、毎時間、子どもといっしょに書いてみます。そうすることが、詩をよく理解する学習に通じ、暗誦や、表現への触発にもなります。

教科書に載せられた場合、俳句はもちろん、短歌もたいてい一行に印刷されています。ところが、石川啄木はどうでしょう、彼はその短歌全部を三行書きにしています。

東海の小島の磯の白砂に
われ泣きぬれて
蟹とたはむる

砂山の砂に腹這ひ
初恋の
いたみを遠くおもひ出づる日

この三行分けは、必ずしも、一定の論理によっているとは考えられません。三行の長短はさまざまです。この三行分けについてだれかの研究があるのか、わたしには知るところがありませんが、だれにでもわかることは、読み易さであり、それはまた暗誦や歌意の理解に通じることだと思います。啄木はそこをねらったのでしょうか。

右の二首は、「一握の砂」の冒頭部に置かれたものですが、「悲しき玩具」の後半になると、

何もかもいやになりゆく
　この気持よ。
　　思い出しては煙草吸ふなり。

秋近し！
　電燈の球《たま》のぬくもりの
　　さはれば指の皮膚に親しき

のように、三行のうち一字または、二字下げにしたり、「、」や「。」、さらには、「！」、「――」、（　）、などの記号を使ってみたりしています。ここまでくると、いささか鼻についてきますが、この三行書きが彼の歌を、読み手大衆に理解させ、深くなじませた効果は、非常に大きいのではないでしょうか。

そこで、わたしたちの短歌、あるいは俳句指導にも、この啄木流を参考にしてみてはどうでしょう。いよいよ、それを試みるとなると、もっと徹底させて、

東海の
小島の
磯の
白砂に
われ
泣きぬれて
蟹と
たはむる

いはばしる
垂水の
上の
さわらびの
もえいづる
春に

なりに
ける
かも

すでに多くの人によって指摘されているように、この歌には、明るい母音をはらんだ音節が多いこと、さらに、このように書いてみると、各分節に、る、の、に、も、特に、な行音の、のとにが多く、音調をなめらかにして、渓流をすべる早春の水の情趣を効果的に表現していることなどがよくわかります。

このような、改行書きは、文学的教材の場合だけでなく、非文学系統の文章の読解にも大いに活用できると思います。

また、教師が、その改行を指定するだけでなく、子どもたちに、この改行書きをいろいろに工夫させてみるのも非常におもしろいと思います。

○文章の構成を知るために、文章を分析して、行や語句の並べ方を工夫させてみる。

○筆者の意図、文章の理解を容易にするために、改行書きを工夫してみる。

視写は、視写そのものに、学習価値がありますが、視写したものを授業にどう生かすか、うまく生かすために、どんな板書をしてみるかなど、さまざまな展開のあることを書いてみました。

右に述べてきたことは、国語教室における子どもと教師の同時進行による視写及び、視写による教材文の指導と学習でしたが、視写による学習は、国語教室だけのものではありません。

子どもたちは視写に慣れるにしたがって、自宅、あるいは図書室で、他教材の学習や、遊びなどに関する資料を書き写すこともするようになります。

堺市の佐倉義信氏は、新聞に載る、毎日の天気予報欄をノートすることをすすめています。この予報には、天気のことはもちろん、季節の動きにともなう、自然、人事の変化、さらには国内及び近隣諸国の地名などがとりあげられますので、いつとはなしに、ことばやことがらについて広く学ぶことができます。

コラムといえば「天声人語」がよく話題になります。このコラムを、毎日視写している中学生、高校生はかなりたくさんいるようです。「天声人語」によって学ぶことは少なくありませんが、その視写が、読解と作文にプラスすることも大きいと思います。

四、書くことの多角化

「視写」について、詳述をしました。できるだけ多くの国語教室でこれを授業に導入してもらいたいし、この「視写」を踏台にしてその他の「書くこと」にも手をつけてほしいものです。

その、多彩な「書くこと」つまり、授業における、書くことのバラエティーについて、以下、筆をすすめてみようと思います。

1 聴　写

「視写」と対照的な書くことに聴写があります。人の話、人の読声を聞いてそれを書取る聴写は、視写に比べて、ずっと難度の高い書くことだということができます。

1　注意を集中し、相手のことばを理解して、聞きとる。

2　その理解にもとづき仮名、漢字その他どんな文字を使うか即時の判断が要求される。

3　相手の話や、読声に遅れないために、暫時ことばを意識に停留させ、それを書きとめる筆速が求められる。

聴写は、ある程度、書き慣れと、筆速が身についてから始めるようにします。

低学年では、教師が、読みそれを書かせることから始めます。その場合、子どもたちの聴写能力に即応させること、聴写中、脱落した部分は、その点にこだわらず、そこは空白にしたまま（あとで補綴する）にして、次の聴写に対応していくような指導も必要です。

授業中余り長くない文章などを読聞かせによる聴写から始めます。

聴写になれてきたら、短い物語を、毎日少しずつ聴写させ、何日かで一編の物語を書きあげさせます。（挿絵なども入れさせる。）こういう聴写を続け、一学期に一、二冊「お話の本」を仕上げさせてみてはどうでしょう。

またいつも教室にメモ用紙を用意しておき、家庭への簡単な通達、あるいは必用品の用意など、聞書きをさせます。

高学年では、授業中友人の発言をメモすること、いろいろな部会での連絡事項を書取る、テレビや、ラジオの放送の聞書きするなど、話をメモする聴写力を育てたいものです。

ところが、こういう聴写の場合、子どもは、たいてい、話者の話をそっくりそのまま書こうとします。しかし、子どもたちの筆速では、とてもそれはできません。それに、クラスの子どもの発言などは、ことばも整っていませんから、それがそのまま書取られたとしても、さほどねうちのあるものにはなりません。

こういう場合、やはりメモの方法、つまり聴写の技術を手ほどきしてやる必要があります。

わたしはかつてラジオの放送をメモすることをかなりていねいに指導したことがあります。かならずしも、ラジオに限りません。朝会での話でもいいでしょう、五分~十分くらいの話を録音して聞かせます。そのとき、三人か四人を黒板に向って立たせ、めいめいに、メモをさせてみます。

（座席にいる者はノートにメモ。）

適当なところで、ストップし、板上のメモを比べてみます。

また別に、教師の書いたメモも、参考にさせます。

1　ずるずると書き流しにせず、しばらく聞いて、話にまとまりをつけること。

2　そのまとまりを箇条書きにすること。

3　いくつかの箇条をまとめて小見出しをつけること。

このようなことができるようになると、授業中にも、これを学習に生かすことができるでしょう。

2 筆答

筆答というのは、文字通り、書いて答えることです。かつては、口頭試問か、筆答かと両者をテストの形式として対立させたものでした。

「第三の書く」でも、これを授業にとりこんでいこうというのです。どのようにとりこむか、筆答がもっとも手軽に生かされる学習に、発問に対する応答、それを、筆答に移してみるというのがあります。

発問に対する応答、これはどこの教室でも頻繁に求められています。多くの教師たちはこれを重要なよりどころとして授業を展開しています。

しかし、非常に依存度の高いこの方法が、はたして、その効果をみせているでしょうか。

発問にもよりますし、その回数によってもちがいますが、たいていの教室は、毎日、一部の限られた子どもの応答によって授業がすすめられています。

この応答は、発問—挙手—指名—応答—評価（教師または級友）という形で展開しています。

これがなぜ限られた子どもに片寄るのでしょうか。

1　発問から応答までの間に、時間的インターバルが少ない。つまり発問は常に即答を求めることになっている。

2　したがって、反応の早い、機転のきく子が応答者になり、そうでない子は、参加できにくい。

3　スローな子どもの中にも、時間があれば応答できる子もいるはずだが、多くの授業者にその配慮が足りない。

4　口頭での発表が不得手で気遅れをする子は、応答者になりにくい。
5　わかっていても応答に踏切る自信がなく、周囲の視線や思惑を気にする。
6　次から次への発問に、ついていくのがわずらわしくなり、ついつい傍観者になる。

発問のかかえているこれらの障壁には、発問の改善だけでは容易に、取除けないものがあります。

そこでどうするか、この筆答を導入してみてはどうでしょう。

1　書くという作業になりますと、当然そこに時間のゆとりをもたせることになります。したがって即答を迫られるという抑圧が軽くなります。
2　書くという作業には、そこにほとんど必然的に、思考が随伴してきます。
3　挙手―指名以前の学習ですから、これに全員を集中させることが、比較的容易です。
4　筆答の仕方に慣れてくると、口頭のそれよりもずっと質のいい多彩な応答が得られます。
5　応答は、書かれていますから、それを発表する抵抗はずっと少なくなりますし、その応答を比べたり、評価し合うということもたやすくできます。

問題は、時間がかかるということでしょう。その対策としては、多発になりやすい発問を整理すること、特に重要な発問に限って筆答を加えるということにします。

筆答の場合、多くの子どもが、応答できる（書いたものを見て）状況にあるわけですから、平生、話すことに消極的な子どももなるべく多く口頭発表の場に登場させるようにします。

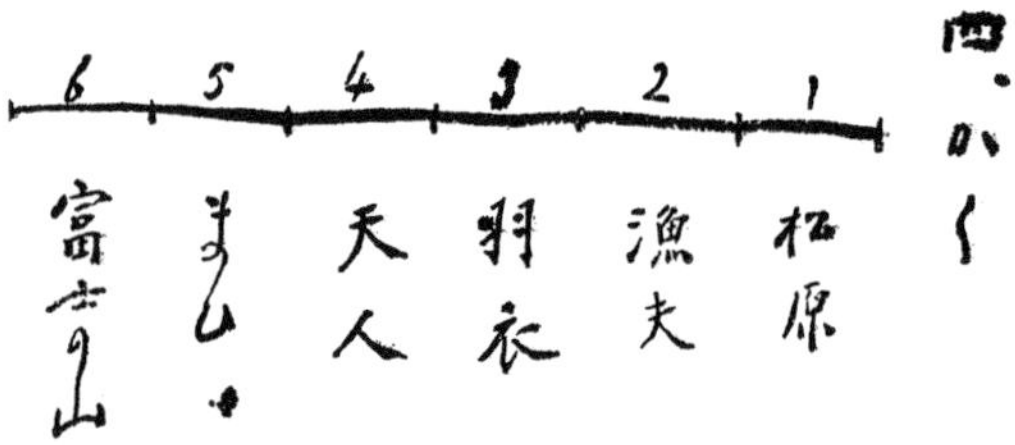

〈昭和17年2月～3月『行脚記第七巻』から〉

筆答にも指導が必要です。このように書けばいいというモデルを見せること、子どもたちの筆答をよく聞いて、ほめたり、励ましたり、さらには、その筆答を授業に生かしていくのです。

この筆答法、初心の授業者にもぜひすすめたいと思います。次々と発問を連発する、せわしない授業、一部の子どもしかとらえていない授業、指導がうわすべりで定着を期待できない授業などにブレーキをかけ、落ちついた授業のできるきっかけになると思います。

3 書抜き

文章の要点をとらえる、あるいは確かに読む、深く読むなどのために、文章の一節を書抜くことはめずらしいことではありません。これは、古くから行われてきた一つの読書技術といえるでしょう。

この書抜きを、授業の中に組織した人に芦田恵之助先生があります。芦田先生は、あの七変化の教式の四つめに「かく」という過程を設けましたが、ここで、書いたのは、指導をすすめている教材文の、各段落から、一ないし二の語句を書抜いて、これを横一線に並べ、読解の重要な手がかりとした指導です。例をあげてみましょう

（二年羽衣）。

七八ページのような、板書の例が多く残っていますが、中には、その日の指導の中心になるいくつかの段落の、漢字だけを書抜いて並べ、仮名を補って読むという指導もされています。仮名をはずしてみることによって、仮名の部分の表現価値をわからせたり、暗誦に導いたりするのに好都合だといっておられます。仄聞するところによると、そもそもこの漢字抜書きは、古田拡氏の発案だそうですが、晩年、芦田先生も、好んでこれを多用したようです。次に示す例は、昭和十三年四月二十三、四の両日東京志村第一小学校での「源氏物語」（サクラ読本）の指導（四時間目）の板書です。

（序）
彼女　文学㊀天才㊀、婦人——円満㊀深㊀人。
仮名文、当時㊀国語㊀自由自在　使、其　時代
生活　細　写　出　出来。

（一）
白　着物　上　山吹色　着物　重——出　来
女　子、何　子。切揃㊀髪㊀——扇　広、肩　辺
——掛　目立　美　見。

（二）
此　不幸　子、——出来、源氏　何時　考。

書抜きを授業に生かすことは、さほどめずらしいことではありません。しかし芦田先生ほどこれ

に徹底した人は、ほかになかったのではないでしょうか。

芦田先生の抜書きは、主として、語句でしたが、文、文章の抜書きもあっていいわけです。たとえば、説明的な文章の冒頭部と結末部を対応させてみます。

花を見つける手がかり

A　いったい、もんしろちょうは、何を手がかりにして、花を見つけるのでしょう。
　花の色でしょうか。
　形でしょうか。それとも、
　においでしょうか。

Cもんしろちょうに、きいてみればわかるのですが、そんなわけにはいきません。

B　こん虫は、何も語ってくれません。しかし、考え方のすじみちをたてて、実験と観察を重ねていけば、その生活の仕組みをさぐることができます。

K出版　四上

Aは冒頭の問題提起、BはAに対応する結語の部分を書抜いたものです。A、B両者の間に、いくつもの実験、観察すなわち証明過程（C）が書かれています。このA、B、Cの相関をとらえることによって、文章が概観できますし、学習の焦点がどこにあるかも、抑えられるでしょう。

「大陸は動いている」という教材文があります。左記に書き並べてあるのは、この教材の指導に当たって、子どもと、わたしで、読みながら書抜いた、文章理解の要点と思われるところです。

大陸は動いている

1　事実を発見した　　　　　　世界地図を見ながら

2　考え（説）を発表した　　　ぐうぜんではない

(1)ひと続きの大陸

(2)分れて動き―はなれた

3　単なる空想にすぎない　　　どんな力が動かしているのか？　ウェゲナーの弱点

4　再びよみがえったのである　地球の観測、研究

5　今日では、次のように考えられるようになった

文学的教材の指導でも、書抜きの機会は少なくないでしょう。描写のすぐれたところ、ストーリーの屈折点、会話のおもしろいところ、登場人物の考えや性格の読みとれるところなど、指導のねらいに即し、子どもたち、めいめいに、書抜かせ、それに、解釈のコメントを書添えさせるような学習はどうでしょう。

4 書込み

古本を買うと、本のあちこちに線が引いてあったり、行間や欄外に何かを書込んである、そんな本によく出会います。

その書込みは、それを買った者にとって、多くの場合、汚れであったり、落書きでしかないでし

ょうが、もしその書込みが名のある人のものであったりすると、思いがけないところで高価な拾い物をしたような喜びをもつことができるでしょう。

わたしも、書込みのある古本を何冊か持っています。また、尊敬するある先生が、丹念に書込みをされているある哲学書を、いただきたくて、傍輩のひとりと、虎視眈眈、その機をうかがっていたこともありました。

話が横道にそれましたが、このように愛読書や研究書に、書込みをすることは、むかしから広く行われてきました。これも一つの読書技術といえるでしょう。

「第三の書く」でも、この書込みを、指導や学習に生かす工夫をすべきだと思います。

書込みのもっとも簡単なのが、サイドラインを引くことです。これは、どこの教室でも、さかんに行われています。

多くの場合、中心語句、中心文、子どもたちの好きな箇所、共鳴、感動の表現などが、側線の対象になっています。

これによって、教材文をていねいに読む、語句のはたらきや、文、文章の表現価値を読みとるなど、さまざまのねらいで行われるようですが、わたしの見る多くの場合、どうも余りに安直にこれをやりすぎているように思います。

何かというと線を引かせるので、文章のどこもここも線だらけにして、文字面を汚し、結局は、線を引かないのと同じことにしています。

こうなると、線はかえって読むことの邪魔になります。線はなるべく引くことをひかえ、ぎりぎりのところでおさえたいものです。

特に低学年の場合、教科書の教材文にじかにこれをさせることは好ましくありません。文字を書込ませることも同様です。

そこでどうするか。書込みの学習には、視写のノートを使います。文章を視写した子どものノートは学習のテキストです。書込みのために、予め行間を広くとって書いておきます。ノートは、教科書に比べ紙質も丈夫です。消しゴムを使っても紙の破れる心配はありません。

書込みの内容、つまり何を書きこむかですが、およそ次のようなことが考えられます。

1 読めない漢字を調べてルビをつけ、側に、字義（語意）あるいは、同義・同類語などを書込むようにする。難語句についても同じ。
2 読みのねらいに即し、あるときは、重要語句、時、所、登場人物、主要な事がら、感銘をうけた箇所、発問に対する応答の内容になる部分などにサイドラインを引く。
3 子ども自身の独自な解釈や想像を書込む。（発言のメモにする。）
4 読みながら得た、直感的、即時的な寸感、寸評を書込む。（これが発言のメモになる。）
5 読みながら考えた疑問、質問、意見などを欄外に書出す。（これも発言のメモにする。）

6　視写の部分あるいは、前後の段落に「小見出し」を付けてみる。

などがあると思います。指導のねらいや、指導の過程、教材の種類などによって、書込みにも変化をもたせることが求められます。

ところが、形式的な書込みは、まもなくマンネリ化して、読むことの活力を失わせてしまいます。そこで、随時書込みの視点を与えることも必要です。

ノートを使っての書込みの場合、低学年から、赤色のボールペンを使わせると効果的です。本文は黒、書込みは赤、学習の成果がはっきりして、学習意欲を刺激させることができます。

書込みは、個々の子どもを学習へ集中させる手軽な方法ですし、子どもたちは、その書込みをあまり抵抗なくクラスの学習の場へ持ち出すこともできるようになります。

最近書込みの事例はよくみかけますが、ここにも一つ掲げておきます（字下げの部分）。

　ある晴れた春の朝でした。

　　春先は天候が変わりやすい。じいさんはこんな日のくるのを待っていた。

　　じいさんのやさしい心がわかる。

じいさんは、おりのふたを、いっぱいに開けてやりました。

　「さあ、開けてやるぞ！　元気に飛びたつんだ。」

◇先生に教わったこと

アル　ハレタ　ハルノアサデシタ

口を開いて出す明るい音が多い。明るくてリズムのある文だな。

「大造じいさんとがん」の一節です。教師の指導事項も書込んでいます。級友の発言、辞典や、参考書などで調べたことを、書込ませることも結構でしょう。書込みによって、ノートが、それぞれに子どものものになり、愛着も生まれてきます。そして、それが学習への意欲にはね返ってもくるでしょう。

5　書足し

詩歌のようなものは、もちろんですが、散文一般についても、その表現に、大なり、小なりの省略が行われています。その多くは、止むを得ずの省略ではなく、積極的な省略で、省略することが、表現だということができるでしょう。（一口に省略といっても、その内容はいろいろです。ここでは、それにはふれないことにします。）

細大もらさず、委曲を尽して、べったりと書かれた文章は、読むに堪えないとまではいわないにしても、おもしろくなく、わかりにくくて、読者を退屈させるにちがいありません。省略は、その省略部をどう解釈するか、それを読者にまかせています。そこは読み手の書くところだともいえるでしょう。深く読む、おもしろく読むということの中には、書かれている部分はもちろんですが、省略部分つまり隠されている表現を読むこともあるのです。俳句の鑑賞などがその好例で、文字面だけが読めたのでは、いっこうにおもしろくありません。

文学、非文学どんなものを読むときにも、ふつう、読み手は、読みながら読む対象に、ことばを補ったり、想像を加えたり、読後に揺曳するイメージを楽しんだりしています。このような読みのすがたを、どういったらよいか、わたしは、仮りにこれを「読足し」あるいは、「読広げ」といってみています。

ところで前述のように、読むという活動には、「読足し」「読広げ」を随伴させることが大切だとすれば、読むことの指導においても、「読足し」「読広げ」に対する配慮が求められます。

「読足し」「読広げ」は、多くの場合、読みの進行中、読者の心内で行われていて、それを外に表出することは少ないでしょう。しかし、指導ということになると、心内語のままのそれでは、手がかりになりません。そこでそれを、話させてみる、つまり、その心内の表象を言語化することを試みるわけです。その言語化のより積極的な学習として、省略部をとらえて、そこに「書足し」をしてみる、そこを「書広げ」てみるなどが考えられます。これは、読むことの指導における一つの展開だと思いますし、「第三の書く」を生かすシチュエーションでもあるといえるでしょう。

1　教材文の題名にみられる文末の省略例

○記おくについて

○責任というもの
○どんな作文を書いてきたか
○詩を楽しく
○表現の的確さを　など

2　会話文には省略が非常に多い
3　主語、述語の省略
4　想像される登場人物の独語
5　詩歌における諸種の省略

右にあげた1～5の中には厳密な意味での省略ではないものがあるでしょう。それはとにかくとして、こういうところに「書足し」をして読んでみる学習は、読みを確かにし、豊かにし、おもしろくすることになるはずです。

（1）題名におけることばの省略

まず、教材文の題名に「書足し」をすることを考えてみましょう。

高学年の教材文の題名には、右に掲げたような、文末を切取った中止形のものがよくあります。これはこれで、もう自明のこととして読み過ごさせることが多いと思いますが、改めて、そこに関心を寄せさせ、「書足し」を試みてはどうでしょうか。

記おくについて……?

詩を楽しく　……?

表現の的確さを……?

文末まで書き伸ばすことは、その文章の主題を読むことと呼応することがあると思います。これは案外意味のあることかもしれません。

(2) 会話におけることばの省略

これは、会話の実態と通ずることであり、それがまた表現の効果でもあるので、その省略を埋めることは、好ましいことではありません。この場合は、音読などによって、省略されている内実を、音声に表現するような読み方を学習させるべきでしょう。

主述の省略は、視写した教材文に数多く指摘できますから、ここでも効果的な指導ができます。まず主語、述語を補ってみる。さらには、なぜ、このような省略がなされているかを考えさせるなど、それを作文学習にも広げていきます。

(3) 登場人物の独語を書足して読む

これは、省略されたところを補うのではなく、むしろ、読手が、積極的に想像をめぐらせて、独語、もしくは対話を作ってみるというのです。「ごんぎつね」などには随所にそのような読取りを試してみるとおもしろいところがあります。


「兵十はいるかな。

うん、いるいる。

昼飯を食っているのか。

でも、いやに元気がないぞ。

何をぼんやり考えているのだ。

おや！　ほっぺたに、きずがついている。

どうしたんだろう。」

「いったい、だれが、いわしなんかを、おれのうちへほうりこんでいったんだろう。おかげで、おれは、ぬすト人と思われて、いわし屋のやつに、ひどいめにあわされた。」

「ええ！　そうだったのか。

ごめん、ごめん、わるいことをしたなあ。」


いわし屋のいわしを盗んで兵十の家に投げこんだ翌日です。ボソボソと愚痴っている兵十の独り言（これは教材文のまま）の前後を読み、それを包むように、ごんの独り言を書足したもの（字下げの部分）です。

もう一つの低学年の例をとりあげてみましょう。ずいぶん前の指導で、一度発表したものですがごらんください。教材は、「一寸ぼうし」です。


みやこにつくと、とのさまのうちへいきました。

「ごめんください。」

みんなは、びっくりしました。

一すんぼうしが、げたのかげにいたからです。

一寸ぼうしは、とのさまのうちで、はたらくことになりました。


一寸法師、上洛場面の教材文ですが、これだけではあまりおもしろくありません。文章を手がかりに、あれこれと想像をめぐらして、理解をもたせたあと、教材文の行間に、子どもたちめいめいに書足しをさせてみました。左は、その一部です（字下げの部分）。


みやこにつくと、とのさまのうちへいきました。

「ごめんください。」

　なかなか人がでてこないので、二ども三どもよびました。

するとけらいたちが、四、五人でてきて、あたりをきょろきょろみまわしました。でも、だれもいません。

「はて、ふしぎだ。ごめんくださいといったようだが。」

といって、中へはいろうとすると、足もとでまた、

「ごめんください。ここにおります。」

　という大きなこえがしました。

みんなは、びっくりしました。

一寸ぼうしが、げたのかげにいたからです。

　一寸ぼうしは、とのさまのまえへつれていかれました。とのさまのとなりには、うつくしいおひめさまがすわっていました。――以下略

一年生の子どもたちの「書広げ」です。ここには、一、二例しか掲げられませんでしたが、それぞれに、おもしろい書足しをしています。テレビなどの影響があってむかしの武士らしいことばなど使いわけたりして、思いのほかおもしろく書きました。この書足しは効果的であったと思います。

6　書きまとめ

文章を読むことのねらいはいろいろありますが、書かれていることをよくまとめて理解することもその一つだといえるでしょう。

1　文章を要約する。
2　すじをたてる。
3　主題を読みとる。

4　要旨をとらえる。

などのこれらは、読むことについて回っている重要な課題だといえるでしょう。

読みとったことをまとめるには、およそ、二つの方向があると思います。その一つは、読み手の主観を交えず、記述されていることを、コンパクトに集約するというまとめ方であり、もう一つは、読みとったことを読み手の立場で、感想や意見の形にまとめるまとめ方です。

国語教室でよく耳にする発問に、

○どんなことが書いてありますか。

○この人の言いたいことは、どういうことでしょう。

といったようなのは前者、

○ここに書いてあることについて、どう思いますか。

○この人の意見や行動について、あなたの考えは……。

などというのは後者のねらいをもった発問です。いずれにしても、多くの教室では、読みのまとめを、たいてい口頭で述べています。そして、それはたいてい上位の子ども二、三人の発言ですまされています。

なぜなのか。読んでそれをまとめるということがむずかしいことであり、指導にも手がかかるからでしょう。だからといって、右のような粗雑な指導では、読む力は育たないと思います。

そこでどうするか。「書きまとめ」の指導によって、どの子にも書いてまとめる、手順、方法を指導します。

学習指導要領「理解」の項、三年生のところに、

文章や話の要点を理解し、自分の立場からまとめてみること。

という一項があります。初歩のまとめですが、この項はずっと前から三年生の、かなり重要な指導事項としてとりあげられています。

さて、「書きまとめ」をどのように指導していくかですが、いきなり、長い文章をまとめさせようとしてもうまくいきません。この指導にもおのずから順序、段階があると思います。

そこで、その段階ですが、「第三の書く」には、書くという学習そのものにつながりがありますから、指導はさほどむずかしくはないと思います。

「書きまとめ」と、もっとも関連の深い「第三の書く」は、視写と、書抜きです。まず、視写の指導をふり返ってみましょう。

視写の対象になるのは、読もうとする教材文です。その教材文を、七分~十分書写します。詩のようなものはたいてい一編全部を、物語や、非文学的な教材は、一段落から三段落ぐらいを書くことになると思います。

視写が終ったところで、いろいろな指導が展開されることもすでに書きました。その中に「要

約」「書きまとめ」も加えたらどうでしょう。一編の教材文全体を視野に入れて、まとめるという前に、まず、一つの段落をまとめる。次に二つ三つと関連のある段落相互に視野を広げ、それをまとめるというようにしていきます。

仮りにある段落をまとめるとしますと、

1 各センテンスの重要語句をおさえる。

2 いくつかのセンテンスの中のメインになっている文をとらえる。

3 メインセンテンスと他のそれとの関係を考える。

このようにしてとりあげたものを、考え合わせ、主軸になる文をこしらえ、副次的なものを添えたり、捨象して、「書きまとめ」をしてみます。一見わずらわしく見えますが、何度かくり返していると、要領がわかってきます。

教材文には、「書きまとめ」のしやすいものとそうでないものとがあると思います。視写のねらいの中に「書きまとめ」をふくめておくことも望ましいことです。

教材文によりますが、一〇〇字～二〇〇字に「書きまとめる」などの練習もいいでしょう。さらにはそれに代るものとして「小見出し」を付けさせてみるのもおもしろいと思います。

右は、段落の「書きまとめ」ですが、全編の「書きまとめ」のときはどうするか、この場合は「書抜き」を生かします。文章を通覧して、いくつかの、重要な、センテンスを書抜いて並べてみます。並べたものを見通して、とりあげるもの、捨てるもの、中心にするもの、補うものとまとめていきます。

このように書くと、いかにも機械的な作業だなと思われそうですが、実際は、読む、考える、直観的にとらえるなど、総合的な読みの活動です。といっても、漠然とまとめの学習に取組ませたのではものになりません。視写の指導にふくめて、「書きまとめ」のセオリーを学習させることが有効だと思います（「書きまとめ」は「図表・図式化」とも関係がある。その項参照）。

さきにもちょっとふれましたが、「小見出し」というのも、「書きまとめ」の一種とみることができます。通読しながら、欄外にこれを書入れていくことは、読書慣れの人のよくすることです。子どもたちにも、させてみてはどうでしょう。はじめは直観的（初発の感想風に）に小見出しを付け、読み深めるにしたがってこの小見出しを書替えさせてみると、わりと手軽に子どもたち自身に、読みの変容を自覚させることができるのではないでしょうか。

7　寸感、寸評

一編の文章を読んで、読後の感想を書く。一冊の書物を読みあげて、感銘をうけたこと、あるいは疑問や意見を書くという活動が、終戦後二十年代の終りごろから、三十年代にかけて、広く行われるようになりました。

このような学習は、戦前あまり行われていなかったように思います。アメリカ教育の影響もいくらかあったと思いますが、これはやはり自主的、主体的学習の風潮の中で生まれ育ってきたものだと思います。

やがて学習指導要領に感想文がとりあげられ、毎日新聞が読書感想文コンクールを始めたこと、さらには、小中学生向けの出版に「課題図書」という推薦のレッテルがはられるなど、感想文を書くことがさかんに煽りたてられました。

これら、初期の感想文は、一編の文章、一冊の作品を読み終えて書くということが多かったと思いますが、そのうちに、読みの指導の一つの過程として、初発もしくは第一次感想を書かせ、一つには、子どもたちを、教材文になじませること、二つめは、この初発感想を手がかりに、指導のねらいなり手順なりを構想していこうというような、新しい展開をみせてきました。これは、読むことの指導の一つの創造であったといえるでしょう。

そのうちに、登場人物に手紙を書く、教材文の筆者に感想を書いて送るということにまで、感想文は分化していきました。

「第三の書く」にも、読むことを支え、強化する感想を書くことは取りこんでいきたいと考えます。ただ、一つのまとまった感想文となると、これは作文としての指導に回し、読むことの中での感想は、直観的、即文的な寸感寸評を手軽に書くようにします。

視写した教材文の行間に書込むとか、読みながら捉えた、疑問や意見、感動などを一〇〇字〜二〇〇字くらいに書くというのがこの学習です。

寸感、寸評は、教師からの指示や、誘導によって書くというのではなく、子どもたちのフリーな読みの中から、生まれてくる素朴なものでいいと思います。教師はこれをまめにとりあげ、次々と、なるべく多くの子どもが書くように仕向けていきます。

8 図表・図式・絵画化

文章を読むとき、その文章に叙べてあることを任意の図や、表に書いてみることは、しばしば行われていることです。

その図や表は、全文についてなされることもあり、部分についてかかれることもありますが、いずれの場合も、より確かに、より深く対象を理解しようとするねらいによるものでしょう。

書かれていることを図にかこうとすれば、勢い文章をていねいに、あるいは、分析的に読まなければなりません。考えなければなりません。そして、それを図や表にうまくまとめることができれば、望ましい文章理解が得られたということになるでしょう。

ただし、このような図式化は、必ずしも過不足のない完璧な説明ができるようなものでなくてもいい、つまり学習の方便あるいは、一つの過程として、国語教室にも、持ちこめたらそれで充分だと思います。

国語教室における、教材文の図式化について述べようとするとき、すぐに思い出されるのは、芦田先生の板書です。芦田先生の板書における「書抜き」についてはすでに述べましたが、先生は、その「書抜き語句」を文章から抜出す前に、黒板の上部に右から左へ、長い直線を引かれました。そしてこの直線に、段落（かつては文段といった）の数に合わせて、きざみを入れ、線上に段落番号を書きました。

この用意ができたところで、一つ一つの段落から一つ〜二つの語句を抜出し、その語句を所定の位置に（直線の下側に）書き並べていかれました。子どもたちも、次第に整っていく板書に倣って、それをノートに書写していくのです。

左の図は、芦田先生の「行脚記」からの引用です。「四、かく」とあるのは、展開の四番目に、子どもといっしょにこの板書案によって板書をすすめるということです。つまりこの案が、ほとんどそのまま板書になったとみていいと思います（細字の部分は後からの書添え）。

くどくどと説明しましたが、この板書（正しくは板書案）は、芦田先生の、文章理解、今日的な言い方にすれば、教材分析の図式だといえるでしょう。

図式というにはあまりに簡素ですが、この簡素さが、子どもたちの学習に適していたともいえます。また二時間、三時間と指導のすすむにしたがって、読み深めの手がかりとなる語句の選択が工

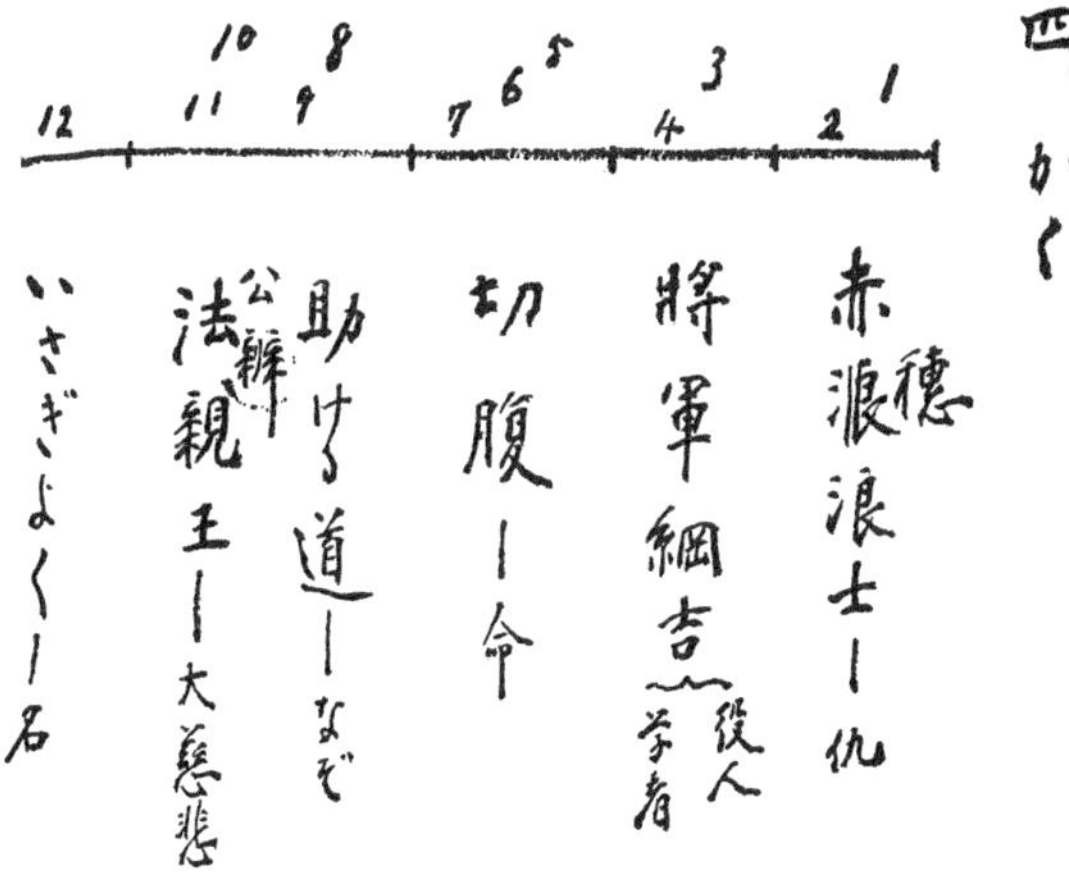

夫されましたが、このあたり垣内理論につながるところだといわれ、芦田先生、お得意の展開場面だったと評判になったものでした。

　芦田先生は、この図式を作文の記述指導にも活用されました。今はもう歴史的な図式だとみられますが、これは、今でも捨てがたいものではないでしょうか。図式や図表をかく工夫は、教材研究（分析）などとも連関させて、かなり広く行われているようです。なかなか魅力のある指導だと思います。ただし、次のような配慮は欠かせないと思います。

1　図式は複雑でないこと。

2　教師が考えた図式を子どもに押しつけないこと。
（芦田図式はこの点で批判された。）

3　子どもの自由な発想による図式化が望ましい。ただし、全員をこの学習に取組ませるためには、手引指導が必要である。

4　図式化は抽象化です。統括つまりまとめでもあります。低学年の子どもや、下位の子どもには抵抗があります。そこで絵画化を混用することも考えられます。

5　全文章の図式化はむずかしい。部分的なところの図式化をたびたび学習させる。

以下、図をかく、表にまとめる指導の事例をいくつかあげてみましょう。

（1）「ごんぎつね行動地図」をかく

「ごんぎつね」を読みながら、ごん及び兵十その他の行動半径を想定し、文章に即した絵地図を書いてみるという学習です。社会科でも郷土あるいは集落の絵地図を書く学習が行われます。現実をかく地図と、架空想像のそれとのちがいはありますが、いずれも、子どもたちにはよろこばれる学習です。

1　地図の中央を、ごんのすまうあなにするか兵十の家にするか
2　中山様のお城
3　村を流れる川、兵十がはりきり網で漁をしていた場所、兵十家の平面図
  - 井戸
  - 居間
  - 物置など
4　くりやまつたけを取ってくる山
5　秋祭りの行われるお宮
6　村の墓地、六地蔵のある位置、ひがん花の道

7　おねんぶつのあった家、兵十と加助の話して帰る道　（以下略）

など、文章をくり返し読んで、地形、地物相互の位置や、距離の関係を考察します。線と面だけの地図ではなく絵入にするとずっとおもしろくなるでしょう。個別の学習でもよく、グループの共同作業、できあがったいろいろな地図の説明会をもくろむこともおもしろいと思います。

読んでわかったこと、想像したことを絵に描くということは、低学年ではよく行います。これはこれでおもしろいと思いますが、中・高学年ではどうでしょう。中・高学年になると抽象的な思考や、自由な想像などは、固定した絵だけにはかけないことがだんだん、わかってくると思います。

「教育科学─国語教育」（'86年四月号）に載せられている、柳辰男氏の「図式・図表のまとめ方の指導」には、いろいろな事例が掲げられています。伝記教材の学習で、年表をまとめるというのはよく行われるところです。また、一部の説明的文章には、書かれている内容をトーナメント図式にまとめるとうまくまとまる例などもあります。

（2）　記録的文章を表にする

次の表は、「一万一千メートルの深海へ」という記録的な文章（G社五年）を、子どもが表にまとめたものです。

この教材文は、一九六〇年一月二十三日（土）マリアナ海溝のチャレンジャー海渕への潜航探険

11000 メートルの深海へ　　佐藤憲一

時刻	深度	速度（潜水）	船の状況	深海の状況	感動
8：15	0	0	こう鉄のドアをしめる。	バンダンク号がいる。護衛船ルイス号が見える。	ブオノとあく手。
8：23	0	0 $\frac{100}{12}=8$	深度測定計を見る。はりがふるえている		ほっと息をつく。
8：35	100	$\frac{144}{25}=57$	もう一度計器を調べる。	水温が大きく変わる境めのところ。	
9：00	244		たそがれ地帯通過，しかしまっ暗ではない。		
	300	$\frac{486}{20}=24$	あかりを消す，またあかりをつける。	弱い光が上からもれる。マリンスノーだ。	海溝のかべとぶつかることを想像するとゾッとする。
9：20	730		寒さは船体の中まで，しみこむ。	深海部にはいる。永遠の暗やみ。時間をのりこえた世界。太平洋のふつうの海底の最深度に達する。	
	6100	$\frac{8015}{144}=56$			
11：44	8745			海水は水しょうのようにすんでいる。	わたしたちの下はまだ2000mあまりの海水があるだろう。
		$\frac{1115}{22}=52$			
12：06	9880	18	小さな地しんにあったようにゆれた。	とつ然強い，おし殺したようなばく発音がおこった。	「海底についたかな」ウォルシュが聞いた。
	10370			海底なし。	未知の海淵を発見したのか。深度計がちがっているか。
	10670	18 $\frac{1030}{50}=21$		海底なし。	
12：56	11530 (10916)		グラフに黒い反応をみとめた。	別世界からおとずれた光の中で，黄かっ色のどろからなっていた。	「あった，ジャック，あったぞ」海底はまさに77m下にあったのだ。
13：06	11530 (10916)			20万t近い水圧がのしかかっている。魚だ，ひらめの一種。せきつい動物，それにえび	
13：26	11530 (10916)		プラスチックのまどに水平のひび割れができていた。		「あの時のばく発音とショックの原因がわかったぞ」
	11530 (10916)	$\frac{10916}{210}$	150tの船体を静かにもちあげた。	やがて夜から灰色の世界へあがってきた。	ウォルシュは海上と連らくしようと努力していた。
16：56	0	＝52	まどがふたたびとじるのを見た。	小さなゴムいかだがやって来た。	ふたたび帰ることができた。太陽のある世界へ感謝して手をふった。

に挑んだ記録です。この記録には、当日午前八時二十三分潜水を始め十六時五十六分浮上するまでの、バチスカーフ＝トリエステ号の、潜航状況が克明に書かれています。

学習は、この記録が継時的になっていることに着眼し、情報を表に書替えることによって、読みを確かめ深めていこうというのです。

表にまとめたり、書替えたりする指導の場合、大切なポイントが一つあります。それは表のワク組みをどうするかです。その一つは、まず教師がワク組みを作っておいて、子どもは、このワクに読み取ったことを書きこんでいくというのであり、もう一つは、どんな項目をたてるか（これが非常に大切）、どんなワク組みにするか、そこから、子どもたちが考えていく、というものです。

右の「一万一千メートルの深海へ」は、後者の例です。この表の場合時刻とその推移をタテ軸にとることが、ポイントでしょう。

ワク組ができたら、教材文を読んで、要点を（センテンスを短くして）ワク内の適当な位置に記入していきます。作業中いちばんむずかしかったのは、潜水速度の計算でした。これは、教材文には書いてありません。ある深度から次の深度へ潜航した距離を調べ、それを所要時間で割るという計算ですが、中下位の子どもはかなり苦労しました。潜水速度、分速何メートルと、その変化を知ることによって、船を操作している者の心の動きが推測できるなど、本文と読合せると、なかなかおもしろい。表にかくことのよさといえるでしょう。

五、「第三の書く」と発問

1　発問応答と話合いで、読みは深まるか

わたしたちの国語教室、つまり毎日の授業、中でも読むことの指導、そこで行われる、教師の指導活動はいろいろですが、何といっても、もっとも顕著なのが発問を介しての指導だといえるでしょう。発問はむかしから、授業への切りこみ、展開への契機、学習を確かめ、深めていく有力な手がかりとして行われてきました。いいかえればこの発問が、授業を動かしていく動力源の役割を担ってきたのです。

ですから、発問をどうするかは遠いむかしから今日まで、授業者にとって常に大きな関心事であったといえるでしょう。

ところで、授業にとってこれほど大切な発問ですが、これは、一見それほどむずかしいことでは

なく、一応はだれにでもできることです。

われわれ教師仲間では、日常頻繁に使われているこの発問ということばは「板書」などとともに必ずしも、広い市民権をもったことばではありません。同義語ともいえる「質問」はどの辞典にも載っていますが、発問はどうでしょう。

それはとにかくとして、発問、つまり問いを発する、何かをたずねるということは、日常の対話の中のものですから、新米教師はもちろん教育実習生でも、この対話的な発問はたやすくできるのです。

しかし、教師にとって課題だといえる発問、授業を動かす力となる発問が、日常対話の延長のようなものだけでいいはずはありません。発問は日常性をもつと同時に、授業の成立に深いかかわりをもつ、特別な言語行為でもあるという二つの面をもっているといえるでしょう。

さて、授業にとって発問は不可欠のものとされ、支持されてきました。しかし、発問の有効性をそれほど大きくとりあげていいものでしょうか。発問の機能を疑ってみる、あるいは、その限界を知ることも、発問研究の中に含めるべきではないかと思います。

わたしもずっと前から、発問について関心をもってきました。発問について、書いたり書かされたりしたものもかなりの数になると思います。もちろん書くだけではありません。実際の授業における発問にも、いろいろと工夫してみるようになりました。それが昭和の三十年代です。これはそのころから、校内、校外で公開の授業をすることが多くなったからです。

公開の授業にもいろいろあります。毎日のように各地から来られる参観者に求められる授業、勤めている学校が研究公開の一環として行う授業、各地の研究会あるいは、学校に招かれて行う授業などがそれです。

こういう授業も、非公開の授業も、授業としては変りはないはずですが、実際はどうでしょう。こんなことが考えられます。非公開の授業つまりふだんの授業では、一時間のほとんど全部を作文の記述に当てるとか、時間の大半を音読や、漢字の書取練習にするなど、こんなことは、格別めずらしいことではありません。でも、公開の場では、おそらくこんな授業はしないでしょう。

わたしのすすめる視写、これを、十分も続けていると、参観者の大方は、退屈とはいわないまでも、所在ない時間になっていると思います。授業者にはこれが気になるのです。子どもたちを疎外するというのではありませんが、参観者にアピールする、少なくとも参観者を退屈がらせない授業をと考えます。

となるとやはり、発問によって、子どもたちの学習を触発し、にぎやかな反応をねらった授業が構想されるでしょう。このところしばしば、話題にされている、発問によって学習をもりたて、エキサイティングな、山場（あまり好ましいことばではない）のある授業、こういう授業がもくろまれることになります。

わたしはそういう授業を構想することをここで問題にしようとは思いません。問題にしたいのは、このように、発問を授業に手軽に引込んでくる、そして、その発問が授業の中で非常に効果的であると考えていること、そのために、公開の授業ではもちろんのこと、平生の授業の中にも、どんどんとり入れられてきて、発問が常に展開の主軸になっている。ことばをかえれば、多くの授業、特に読むことの指導が、ほとんど、この発問依存のパターンですすめられているというこの事実、これを問題にしなければならないと思うのです。

わたしはまだそういう授業に出会いませんが、右のような発問中心、発問依存で一時間をぶっ通すような授業にもすぐれた授業があるでしょう。わたしも、ひところ、この手の授業に没入し、これで、この授業がかなりの線にいっているなと自負をもっていたことがありました。

しかし、そういう授業が、ほんとうにいい授業かどうか、たしかに参観者にはもてはやされやすい授業であるかもしれませんが、それが、子どもたち一人一人に浸透していく授業、つまりどの子も、その学習に集中できていたかどうか、何人かの応答者が、にぎやかに話し合い、学習がもり上がっているかに見える授業ではあっても、大多数の学習になっていると保証できたかどうか、それは疑わしいものでした。いや、この発問依存の授業が、理解力の充実、ことに表現力の向上にはさほど効果的でないことがわかってきたのです。

洗練された効果的な発問は、授業展開に不可欠の手段だとはいえますが、この手一つが決め手ではありません。また、どんなにすぐれた発問にも限界のあることを知るべきだと思います。現在国語教室にみられる発問過信は猛省されなければなりません。

限界の一つは、応答者の問題です。発問にもよりますが、発問の応答者がどうしても、上位の子どもに偏るということです。授業者の力量によって、下位の子どもへ広げることはできますが、そういう配慮のみえる教室は少ない。中下位の子どもは多くの場合、せいぜい上位二割そこそこの子どもたちが入替り立替り発言する応答を聞かされているのです。

聞かされている、子どもたちの学習に対する集中度も心もとないものです。クラスの学習共同体では、学友の発言に傾聴することが大切な学習でなければなりませんが、ほとんど毎日、毎時間聞き役に回っている子どもたちに、そんな学習を求めることはいささかナンセンス、いや非常に酷なことだと考えられます。

それなら、下位の子どもも応答者、発言者に引上げるべきだということになるでしょう。その通りです。しかし、それは容易なことではありません。一口に応答者といっても、そこにはいくつかの層があると思われます。①非常に反応の早い者、②じっくりと考えている者、③応答は可能だが引込思案、恥ずかしがり屋、④無関心層（わからない、天の邪鬼）などと、さまざまです。したがって教師の細かい配慮がない限り、どうしても、反応の早い、発言型の子どもの応答に偏りがちになります。ましてや、発問が次々と連発されてくると一層この傾向は顕著になってきます。こういう教室は決して少なくありません。

発問にも難易があるべきですが、一体に触発性の高い発問は、子どもにとって難問といえるでしょう。難問であればあるほど、じっくり考えさせる時間を考慮するとか、ヒントを与えるなどの手だてが求められるはずですが、多くの場合そういう気配りはみられません。発問はいつでも即答を求めています。たとえやさしい発問でも即答となるとむずかしい、中、下位の子どもは二の足をふむ、そのうちに上位の子どもが応答をさらっていきます。

発問を軸にした指導の展開にも、教師が描いている学習の理想像があると思います。その理想像というのはどういうのでしょうか。

子どもたち（なるべく多数）が、発問に対して応答をしてくる。A児の発言に対して、B児が「つけたし」の発言、さらにはC児の反対意見、その発言がものたりないと、D児が敷衍をするなどと、討論化していくといった、教室のつくりだされることです。こういう学習こそ、主体的であり、力動的なもりあがりのある学習だと想定するのです。

なるほど、もしこういう授業を参観することができたら退屈はしないでしょう。前述したようにわたしもこういう授業を目標に、発問の工夫をしたことがあります。いや、発問だけではありません。いかにして応答者を広げるか、さらにはその応答の質を高めるかに腐心したものです。

わたしの見てきた多くの授業、そこで行われている発問の質も問題ですが、それにもまして発問の数、応答のとりあげ方など、まだまだ多くの課題をもっていると思います。

2　「第三の書く」と脱発問

課題といえば、もっと根源的なところにあるといえるでしょう。それは、これまでにもいくたびか触れてきた、発問を授業の骨格とする発問依存、発問過信の授業を変えていくことです。

発問は授業にとって非常に有力な手だてではありますが、これだけにこだわっていては、多彩な指導法の創造的な開発は望めません。わたしたちはずいぶん長く、発問の桎梏の中に閉じこめられてきたのではないでしょうか。

「第三の書く」は、脱発問の方法的展開のひとつということができるでしょう。

さて、ここでは、これまでに述べてきた「第三の書く」の多様な展開のほかに、もうひとつ、これこそという新機軸を加えてみようと思います。

わたしたちが、年間何十回も見せてもらう公開の授業、なかでも、読むことの指導は、そのほとんど全部、主題に迫る、登場人物の心情や場面の情景を読み深める、事実や論理を追求しよう、というようなねらいの授業です。

これはこれで、どうということはありませんが、このようなねらいをもった読みの指導と学習が、もっぱら、発問とその応答、ときにこの応答から話合いへという展開のパターンですすめられているのです。これは問題ではないでしょうか。

公開授業がこうですから、おそらくふだんの授業もこうなのでしょう。今や、この授業パターンは、国語教室のもっともオーソドックスなものになっています。そしてこの種の授業は、当然、常に追求的であり、分析的です。文学的な教材であろうが、説明的文章であろうが、発問によって「だれが」「なぜ」「どうして」「どんな気持ち」「そのわけは」と問いつめていくのです。

この発問についてくる子ども、この展開のパターンに関心を持続させ得る子どもはとにかくとして、中下位の子どもはどうでしょう。このことについてはすでに述べました。

「国語教室」はいうまでもなく、三十人なり、四十人の子どもたちが、集団で学習している場です。集団で学習はしていますが、そこでは必ず個々人の学習も生かされなければなりません。みんなで読んでいても、一人ひとりが、考える時間をもち、他にとらわれず想像をひろげられるような学習を確保してやることが望ましいのです。しかし、終始発問で引回す授業では、この大切な指導が欠けやすくなります。

さて、その新機軸の授業とはどういう授業か、それを紹介してみましょう。もちろんそれは「書くこと」をふまえた授業です。

文学的な教材の学習と、非文学的教材とは多少趣きをかえた指導になりますが、底辺においては共通するところがあります。

わたしたちは、これらの指導を一括して、「書替え」といっています。この「書替え」は、次のように考えました（詳細は一五ページの〈表2〉及び一二〇ページ以下参照）。

書替え
- 物語教材――変身作文
- 説明文教材――伝達、解説作文
- 詩歌教材――散文化
- 伝記教材――本にする
- その他

「書替え」というのは、子どもたちめいめいが、教材を読み、その理解や想像によって、教材文を書き替えてみる学習です。

書替えをすることによって、読みを確かにし、読みを深めていきます。各自独自な想像を付加して、書替えの文章を豊かなものにしていきます。したがって、この書替えは、

書くために読み　読むために書く

という個別の学習活動で、発問に引回され、応答に汲々とする学習とは、全然ちがいます。各自が教材に没入して読みます。ひと通り読みすすめたら、そこで反転して、書き手の立場になるのです。ここが非常に大事なところです。この学習のポイントです。

国語教室のすべてといっていいでしょう。そこで読むことを学ぶ子どもたちは、常に「読み手」

なのです。「感想を書く」「作者や登場人物に手紙を書く」などという、学習も、読み手の位置、読み手の姿勢、読み手の意識で書いています。

「書替え」は、「読み手」から「書き手」へ百八十度の転回をという発想です。子どもが教材文の書き手になるのです。発問によるせわしない、上すべりの学習、上位の子どものおしゃべりの中での学習から解放され、たとえていえば、個々の机の上に電燈をともし、その静かな明りの中で、読みかつ書くという学習に集中沈潜するのです。

そんなことが、子どもにできるのか？ とあやしまれる方があるでしょう。当然といえば当然かもしれませんが、これは子どもだからこそできるのだと思います。いいかえれば子どもの学習にぴったりなのです。

一人一人の子どもが、それぞれの力量に応じて書けるのです。しかも、回を重ねて書いていくうちに、読む力、書く力が上昇していきます。また、感想文や、〇〇さんへの手紙のようにマンネリ化することもありません。

発問応答の授業では、話合いによって読みを深めようとこころみますが、話合いというのは、どうしても不安定です。話し方がまずいとわからない。何人もの子どもが持出す話を聞き分けるということだけでも、容易なことではありません。論争がエキサイトしたからといって、そのことがよくわかってくるとは限りません。中下位の子どもにはかえってわからなくなり、学習の列外にはみだすということになりかねません。

「書替え」は、どの子も書き、書いたものをもてるのです。ですから、それを比べることも容易にできます。書けたものを比べるのですから具体的です。比べた効果を切実にすることができます。つまり書いたものを中にした、実のある学習の展開もおもしろくできます。


「書替え」の一般的な能書きは、このくらいにして、この「書替え」をどのように指導するか、もう少し具体的な説明をしてみましょう。

ふつう物語教材文は、登場人物（人間、動物その他）が三人称で書かれています。そして、作者は、物語の外にいて、いろいろな視点から、ストーリーに沿って登場人物の行動や心情、周りの情景などを描いています。

「書替え」は、読み手、学習者が登場人物中の一人になるのです。たとえば、「ごんぎつね」の場合ですと、「ごん」または、「兵十」になります。仮りにごんになったとすると、ごんは「ぼく」「おれ」などという呼称に変わってストーリーが展開するのです。

「かさこじぞう」ですと、おじいさんになるのがおもしろいでしょう。もしこのように書替えられると「おじいさん」と書かれているところが、「わし」「おれ」「わたし」などとなり、おばあさんに呼びかける場合は、「ばあさんや」「おまえさんは」というように変わります。

物語の「書替え」といっても、ストーリーは、そのままにします。ストーリーまで崩すと、教材文そのものが変わってしまいます。

ストーリーはそのままにしますが、書き手（学習者）の理解や想像によって、必然性のある多少の脱線はいいことにします。というわけですから、すでに、おわかりのように、この「書替え」は、読み手の子どもが、ストーリーをなぞることです。といって、これは視写とはちがいます。子どもは、登場人物になって書くのですから、ストーリーの中に入りこむことになるのです。物語を内側からみることになるといってもいいでしょう。

なぞるといっても、教材文そのままを写すわけではないのです。読み手としての理解や想像を加え、こう書こうというねらいをもって書いていくのです。その場合どのように書くのか、教師の説明による指導も必要ですが、一部分でいい、教師が、手引（モデル）を用意しておくといいでしょう。何回か書いているうちには、子どもたちの中から、おもしろいものが生まれますから、それを生かすこともできます。

ある教室で、物語の「書替え」を指導したとき、「これは、みなさんが、登場人物、たとえば、ごんぎつねや、おじいさんなどに変身することだな」と説明したことがあります。つまりこの「書替え」は「変身作文」なのだというわけです。ちょっと奇抜な呼び方ですが、子どもたちには、「そうか、変身か！」と非常にうまくわかってもらえました。

変身作文を書くためには、まずめいめいの目と心で、作品をよく読まなければなりませんし、また、変身して書いてみると文章がいっそうよく読めてくるのです。

発問に追立てられて読むのとはちがいます。どの子も読みかつ書くという学習に集中します。かなり下位の子どもの場合でも、そこにストーリーがあるわけですからそれを書写し、登場人物を「ぼく」と変えてみることはできます。とにかく何度か書いたり、紹介される仲間の変身作文をみたりするうちに、その子なりのものが書けるようになってきます。

世間には、この、ストーリーをなぞるという学習に疑問をもたれたり、反撥を感じたりする方がおられると思います。

そういう人は、子どもの書くものにオリジナリティーを求めようとする意向の強い方でしょう。それはそれでわたしも認めます。それぞれの子どもが、豊かな解釈をもち、独自性のあるものが書けること、それは大いに望むところですが、それをどの子にも、またどんなものを書いた場合にもと、期待することはできますまい。

日常の経験を作文にすることにあきたらず、子どもたちに「お話を作る」というような作文を書かせてみることがあります。子どもたちは自由奔放に、きっとおもしろいお話を書いてくれるだろうと期待をしてみますが、多くの場合、この期待ははずれます。子どもは詩人でもなければ作家でもありません。子どもの想像力といっても底は浅いのです。

『大村はま国語教室』6「作文学習指導の展開」の中に、次のようなおもしろい実践が載せられています。

『白銀の馬』〈リンド・ワード作　冨山房刊〉これは絵の本、右のページに薄い黒色の絵が描いてあり、左のページは白紙、右のページの絵を見て、左のページに親子合作でお話を書くという仕掛けになっている。絵にはつながりがあり、ストーリーが構成されている。

『旅の絵本』〈安野光雅作・福音館書店刊〉この本のことは、かなり知られているので説明はいりますまい。

細かい解説をすることは省きますが、右の二つはいずれも、文字のない絵の本です。前者の方にはストーリーがあり、後者には、旅人〈書中の旅人、これを見る読者〉に呼びかけてくる、さまざまな風景や、生活が描かれているのです。

大村先生は、中学生に、『白銀の馬』をもたせ、それに創作的作文を求めたのです。『旅の絵本』の方は、いっそう細かい手引（右大村先生の著作一一四ページ）によって、創作的な作文活動の展開を指導されています。

この二つの極めて創造的な実践をすすめられたとき、次のようなお話をなさったことを覚えています。

「生徒たちどの子にも、まるまるの創作をさせることはむずかしい。そこで、すぐれた人（専門家）がすでに作ってくれているストーリーとか、絵にのっかり、文章を書くことによって、それぞれの子どもなりに創作の歓びをもたせることができる。」

わたしの提唱する変身作文は、創作あるいは作文活動というよりも、読むために書く、書くために読むという、学習活動なのですが、大村先生の発想に共通するところもあります。

子どもたちは、この作文の場合、一応教材文（作品）をなぞる形の学習をしています。しかしそれが単なる模写に終わることはありません。変身作文には読み手の理解が顔をのぞかせています。読み手の想像によって潤色されていきます。いや、それだけではありません。子どもたちの集中によっては、そこに個々の子どもの生活が匂ってくるのです。

物語教材を変身作文に書くことによって読むには、いくつかの方法があります。

1　ひとつの作品をぶっ通して書替える。

例えば「ごんぎつね」の全編を「ごん」に変身して書いてみる。この学習は、一通り読みの学習が終わった過程で、二、三時間かけて書くことになるでしょう。

2　物語のハイライトの場面だけを書替える。

例えば「大造じいさんとがん」のじいさんに代って、傷ついた「残雪」に対面するところを一時間の授業時間内の十分か二十分くらいで書いてみます。

3　一つの教材文を学習する何時間かの過程で、部分の書替えを何度か行ってみる。

発問応答にのめりこまないよう、早めに自由な「書替え」をさせて読み深めをさせ、書けたものを読比べてみます。

4　一つの教材文の学習過程で、ある部分は登場人物Aになり、別のところではBになって書く。例えば「最後の授業」の前半は、フランツに変身して書き、後半のところはアメル先生に代わって書いてみるというような書き方です。

「書替え」は、子どもたちの恣意によって、ストーリーを変えるのではありません。教材文に書かれていることばや、叙述に気を配りながら、そこに自分の理解やイメージをにじませていくのです。

六、文学教材における「第三の書く」

1　物語教材

事例　1

東京都立川市の第二小学校では、市の研究奨励校を引受け二年ほど「書くことを通して読みを深める指導」の研究をすすめられました。視写をベースに、「書くこと」の指導を展開されましたが、中でも変身作文には、強い関心を寄せられ、各学年の指導成果を『変身作文集』にまとめておられます。こんな名称の文集が作られたのは、おそらくわが国最初のことでしょう。次の作文は、G社三年下—花岡大学作「百ぱのつる」のハイライト場面。原文は、

　するど、たちまち、たいへんなことがおこりました。前をとんでいた九十九わのつるが、いっせいに、さっと、下へ下へと落ち始めたのです。こどものつるよりも、もっとはやく、月の光をつらぬいてとぶ銀

色のやのようにはやく落ちました。

そして、落ちていくこどものつるを追いぬくと、黒々とつづく大森林のま上あたりで、九十九わのつるは、さっとはねを組んで、一枚の白いあみとなったのでした。


文集には、右の文章を読んだ何人かの作文が載っています。中の一つをとりあげてみましょう。


「たいへんだ！　子どものつるが落ちていく。」

するどい声でぼくはさけんだ。

前をとぶ九十九わのつるは、湖のことや、つらかったことなど、何もかもわすれ、子どものつるを助けることだけにしんけいを集中した。

そして、月の光をつらぬくように、こどものつるの落ちていくのを追いぬいて、すぐに、

「みんな、ぼくたちのはねを組み合わせて、あみを作って、子どもをうけとめるよういをするんだ。」

と、さけんで、あみを作った。

あみに子どもが、のったとき、つめたい夜の空気が、いっしゅん、じいんとかんじられた。

そして、そっと空へまい上がって行った。

（平塚純子）


平塚というこの子は、それまでに読んできた理解に、この危機的場面のイメージをしっかりとのせながら、集団の中の一羽の鶴になって（充分なりきってはいないが）この作文を書いています。教師から発問されることはなくても、めいめいが、書きながら、読んでいるのです。

事例　2

次の変身作文は、わたしの指導です。現行の教科書に載せられている「かさこじぞう」は、岩崎京子氏によって潤色された民話ですが、もっと素朴な形の教材文だった「かさじぞう」を二年生と読んだときにできたものです（詳細は『青木幹勇授業技術集成』2、一〇七ページ以下）。このときは、全文を、書替えるというねらいの指導でしたが、ここには、おじいさんが、地蔵様に笠をかぶせて差上げるところだけを抜出してみます。原文は、

ふと見るとのはらの一本道に、石のじぞうさまが、六人、ふぶきにぬれてさむそうに立っています。

「このふぶきの中ではじぞうさまも、さむかろう。わたしはみのかさをつけているが、じぞうさまは、かさもない。おきのどくなことじゃ。」

おじいさんは、そのとき、いいことを思いつきました。（以下略）

このときの書替え作文指導は、大晦日、菅笠を売りに出たおじいさんが、吹雪の中を家に帰り、朝からの一部始終をおばあさんに話す形で書くようにしました。

「――ほら、ばあさんも知ってるじゃろ、あの六人のじぞうさまを。」

「あー、あの村はずれのじぞうさまですかい。ええ、よう知ってます。それじゃあ、あのじぞうさまに、かさをあげたのですかな。」

「そうなのじゃ。じぞうさまは、わしが、お気のどくなことじゃ。といったら、にこっとなさった。わ

しはとてもうれしくなって、かさをかぶせてあげようとしたのじゃ。でも、どうしたと思う。ばあさんや。」

「さあ、わからんなあ。」

「それはまあ、かさのかずのことじゃが、きのうの五つしか作らなかったからなあ、じぞうさまのかずに、一つたりなかったのじゃ。そこで、わしのをあげたら、じぞうさまはなあ、えしゃくをしてくれたんじゃよ。わしはとても、もったいなくてなあ。」

「それはいいことをなさったなあ、じいさん。」

（清水洋子）

この変身作文は、これまでも、たびたびものに書いたり、話の中に入れたりして、紹介をしてきましたが、わたしの指導したこの種の作文では、傑作の一つであり、変身作文の典型ではないかと思っています。この子が、こういう作文を書いてくれたこと、これがわたしの読むことの指導、書くことの指導に、大きな自信を与えてくれました。子どもが教師を育てたのです。

右の作文は、老夫婦の対話の形になっています。原文をふまえてはいますが、このように書くことによって「書替え」のメリットがクローズアップされます。

じいさまに変身した、この子の読みの深さと想像の豊かさにおどろかされます。

。わしが、お気のどくなことじゃ。といったら、（じぞうさまは）にこっとなさった。わしはとてもうれしくなって……。

○そこで、わしのをあげたら、じぞうさまはなあ、えしゃくをしてくれたんじゃよ。
○わしはとても、もったいなくてなあ。」

吹雪の中で、かちかちに凍った石の地蔵さんが、にこっとほほえみをかけてくれた。笠をかぶせようとしたら、地蔵さんが、会釈をしてくれた。自分の行為にそれとなく対応してくれる地蔵さまのしぐさにもったいないと感じている。二年生も後半になるとこんなに深く、こんなに柔軟に、こんなに豊かな読みができるのです。

しかし、このような理解や想像、「にこっとなさった」「えしゃくをしてくれた」などのことばは、おそらく発問の応答や、話合いの中からは、生まれてこないと思います。この世界に子どもを引きこんだのは、やはり書くという学習が、子どもを一人の自分に沈潜させるはたらきをもつからだろうと思います。書くということによってかもし出されるイメージの世界のふしぎさというものでしょうか。

クラスの子どもは、それぞれに、おもしろいものを書きましたが、この清水洋子のものは一味ちがっています。それは前述の叙述にもうかがえますが、そのよって来るところは、この子の生活にあるといえるでしょう。

清水洋子は、生まれたとき、すぐに血液を取替えなければならなかったそうです。それが無事にすんで、健康に育ち、一年生に入学できました。わたしは、母親からこの子の生いたちを聞いたことを覚えています。わたしの推察するところ、この子は、この母、この家庭の中で、神仏の加護というようなことを聞かされて育っているにちがいない、その生活が、こういうことばに流露しているとみることは、さほど見当ちがいではないと思います。

同じクラスの子どもは、こんなことも書いています。これは、売れなかった笠を担いで吹雪の道を帰ってくるところです。

「おかえりなさい。おじいさん。どうしたんですか。みのかさもつけないで。」

「まあまあよくおききき、ばあさまや、わしは、町でかさをうろうとしていっしょうけんめいに声をはりあげたんじゃ。だが、きょうは大みそかでな、わしなどには、だれも声をかけてくれなかったんじゃ。そのうちに、つめたい風がふきはじめてのう、雪もふぶきになりおったんじゃ、しかたがないから、うちへかえることにしたのじゃ。さむくてさむくて、ときどき、くしゃみまででおったわい。ほんとにこんな日には、あついさけをきゅっとなあ。」（佐伯　宏）

「かさじぞう」は、ふつうの敬体で書かれているのですが、子どもたちの多くは、会話の文末を「……たのじゃ」とか、「でおったわい」などと、少し古めかしい文体にしています。特別に指導したわけではありませんが、テレビなどの影響でしょう。今の子どもたちは、この程度の使分けは、わけなくできます。ただこの子の書いている、

「ほんとにこんな日には、あついさけをきゅっとなあ。」

にはおどろきました。どうせ大人のことばの真似でしょうが、これもまた、書くことが誘い出した表現といえるでしょう。しいて熱燗の根拠を求めると、この子の親が、いくらか酒のいける口だったかもしれません。

事例　3

事例の三つめは、「太郎こおろぎ」です。この教材については、多くをいう必要はないでしょう。福岡県の東和男氏の指導はちょっとかわっていますが、これも変身作文の中へ入れてみました。東氏は、「太郎こおろぎ」の太郎、のちに村長になった太郎が、母校へ来て、後輩の小学生に、あの日のことを、話して聞かせるという設定にしています。

今から、むかしのおはなしをしましょう。わたしはがき大しょうでした。しのちゃんというたいへんなびじんがいました。わたしはその人が大すきでした。だからやさしくしてやったのです。

（中略）

しのちゃんはしたばかりみていたから、せんせいに注意されました。そのとき、こおろぎが出てきたので、

「こおろぎがないているんです。」

といいました。先生が、

「なに、こおろぎがないている。先生におしえておくれ。」

といいました。わたしは、

「ちくしょう。しってるくせに。」

といいました。しのちゃんが、

「リ、リリー。」

となきました。みんながどっとわらいました。

「ちくしょう。あとでなかしてやるからな。」

と思いました。

「そうか、今たすけてやるのは、わたし、わたししかないんだ。」

と思いました。（以下略）

（水口ひでき）

水口君のこの作文には、「ちくしょう。しってるくせに」とか「ちくしょう。あとでなかしてやるからな」など、俠気に富んだ、太郎のがき大将ぶりがのぞいていておもしろい。

東氏は、クラスの子をみんな、村長にさせ、子どものころのあの事件を追想した形の作文を一冊の文集『太郎村長あいさつ記』としてまとめられました。

わたしはさきに立川市立第二小学校の「変身作文集」を、この種の文集の嚆矢ではないかと書きましたが、大野城市立下大利小学校三年一組のこの文集が、これより、何か月か早く出されているようです。

事例　4

事例の四つめです。これもよく知られた物語教材「一つの花」の書替えです。この作品には、「ゆみ子」とその母、その父が登場します。この作品で変身作文となると読み手の子どもたちは、すぐに「ゆみ子」に代わってと考えるでしょうが、その「ゆみ子」は、まだ、赤ちゃんで、話が充分できません。しいて「ゆみ子」に変身をするとすればかなり大きくなってから、あのころのことを、母から聞き、その聞いたことを書くという形をとるのが自然でしょう。

そこで、まず、十年たったという、あの物語の末尾の一節を書いてみることにします。ここは、変身作文をするには好都合の段落でしょう。次の文章は、大学生の書いたものです。

「書くことによって読む」という学習指導はこのようにしたら……。わたしの講義の中でもこの「書替え」の指導をとりあげてみました。

説明だけで、この学習をわからせることはむずかしい。そこで、教師が、モデル（手引）を書いておいて、それを使うと、子どもの理解が得やすいと話して、学生に、手引用の変身作文を書かせてみました。原文は、

それから、十年の年月がすぎました。

ゆみ子はお父さんの顔を覚えていません。自分にお父さんのあったことも、あるいは知らないかもしれ

ません。

　でも、今、ゆみ子のとんとんぶきの小さな家は、コスモスの花でいっぱいに包まれています。そこからミシンの音が、たえず速くなったりおそくなったり、まるで何かお話をしているかのように聞こえてきます。それはあのお母さんでしょうか。（以下略）

学生が、手引用として書いた文章、つまり変身作文を掲げてみましょう。


　私は来年の春に中学生になります。

　家族は、私とお母さんの二人だけです。私はお父さんの顔も覚えていないし、お母さんも、お父さんの話はあまりしません。でも、時々、私がお母さんに、

「私のお父さんてどんな人だったの」

と聞くと、お母さんは、

「やさしくて、コスモスみたいな人だったのよ。」

とだけ言います。

　そういえば家の庭には、秋になるとコスモスの花でいっぱいになります。私はコスモスの花が大好きです。コスモスの花の中にいると、まるでお父さんとでもいるような気がするのです。


　手引に使おうというのですから、それほど長く書く必要はありません。学生の書いた右の変身作文はどうでしょう。ストーリーからは、少々脱線気味な書き方をしていますが、この段落以前のいきさつ、特に母親の心情をかなりよく解釈をして、書いているといえるでしょう。

「一つの花」のハイライト場面といえば、やはり、駅頭で、父親が一本のコスモスを、ゆみ子に渡して別れるところでしょう。

こういう場面は、「ごんぎつね」の終末部、「兵十の火なわじゅうのつつ口から青いけむりが細く出ている」ところなどと、同じように公開授業用教材としてとっておきのところです。ですから授業者も張切って指導に当たります。ところが、その指導というのが、多くは「このとき、ごんはどんな気持だったでしょう」「なぜコスモスをやったのですか」「どうして一つだけなのかな」という問いかけで、授業をすすめていきます。いちがいに、悪いとはいえないでしょうが、子どもたちとすれば、「またか」「わかっているよ」「もういいよ。そっとしておいて」「そんなことをきかれるとしらけちゃうなあ」といいたい子どももいるのではないでしょうか。

こういう迫り方で、子どもたちの解釈を求め、さらには、感動をもたせようとする指導は、あまりにも無策、十年一日のマンネリではないでしょうか。考え直さなければならないと思います。

一通り読みがすすんだところで、根掘り、葉掘りの問答は打切り、「さ、これからは、あなたたちが、大造じいさんになって、この場面を自由に、書替えてみなさい」と投げだしてみるのです。たぶん何回かは期待通りのものはできないでしょう。しかしそのうちに、何人かの子どもがきっと期待にこたえてくれるか、それに近いものを書いてくれるはずですし、他の子どもたちも、読み直し、考え直し、想像をかきたてて、それを書替えの上にのせてきます。それがたとえ、不充分なものであっても、上位の子どもたちの、「ああだ」「こうだ」の応答を傍聴させられているのに比べれば、ずっと実のある学習になるといえるでしょう。

このごろ低学年の教室でよく「吹出し法」というのをみかけます。発問応答だけでなく、書く学習をというねらいです。わたしの見た教室では、どの子も、積極的によく書いていました。場面や、書くべき条件がはっきりしているからでしょう。しかし、この吹出しは、この名称のように、多くは独り言か、対話のことばですし、読み手と対象人物の間に心理的距離が存在しますので、何回か、書いていくうちに、表現がパターン化してくるのではないかと思います。その点「書替え」は「吹出し」とはちがいます。

「書替え」の作文を四例ほどあげてみました。これらは、一応オーソドックスな「書替え」ですが「読むために書く」の学習には、まだまだ、いろいろなバラエティーがあります。以下それをいくつか紹介してみましょう。

例一　トルストイの作といわれる「とびこめ」という作品はよく知られています。この教材文で問題になるのは、高いマストの上で進退きわまっているわが子に鉄砲を向け、とびこみを決断させた船長（父親）の心境をどう理解するかです。わたしたちの研究仲間の一人は、都内のある小学校で、この教材文を一通り読み上げたところでこんな学習を展開してみました。それは、

○事件が無事落着したところで、船長（父親）にインタビューをするという設定です。

○インタビューをするには、予め、質問事項を整えなければなりません。

○その質問事項をどうして作るか、それはいうまでもなく、教材文をより深く読むこと、さらには、教材文の記述から想像されるところに求められなければなりません。

○質問によって、船長の心境はもとより、あのときの状況、息子の心情、解決の可能性などを探り出そうとするわけです。

まず、各個人で三つか四つの質問を考えてみます。それを寄せ集めて、グループで検討するのもいいでしょう。

○質問には、必ず応答の予想があるはずです。

○質問事項がまとまり、それが書けたら、こんどは立場を替えて、インタビューに対応する船長の応答を書くという学習に展開させてみるのです。

○この質問と応答のインタビューは、一対一、つまり船長対一人のインタビュアーという形でもいいし、Aグループは船長組、Bグループは質問組というようにしてもいいと思います。

国語教室では、常に文章に正対させて、読みをすすめるという、この姿勢だけにこだわらなくてもいいと思います。ときには目先を変えて、右の例のように、書替え学習によって、読み深めをねらってみてはどうでしょう。子どもたちの学習意欲が高まってくるにちがいありませんし、読む力、解く力、作る力も伸びてくると思います。

例二　「石うすの歌」という壺井栄の作品も、有名教材の一つです。原爆で両親を失った「瑞枝」は、いとこの「千枝子」の家に同居、二人は今後長い人生を助け合っていかなければならない間柄、この二人の孫を見守るおばあちゃん、少しオーバーにいうと、それぞれが人生をどう生きるかがテーマになっている作品だといえるでしょう。題名の「石うすの歌」は、石うすで粉を挽くときの労働歌です。この歌は作業に合わせて、即興で歌われます。これがおもしろい。登場人物は、そのときどきの心境をこの歌に託して粉を挽いています。

「だんごが　ほしけりゃ、うす回せ、だんごがほしけりゃ、うす回せ」

とおばあさんが歌うと、千枝子はわざと、

「だんごなんかほしくないから、うす回さん。」

と歌います。おばあさんの歌にはリズムがあるので、うすはよくまわりますが、ふてくされている千枝子の歌は、ぎくしゃくしていてうすが回りません。

「そんなことを言っても、そりゃうそだ。千枝子の顔には書いてある。だんごがほしいぞ、うす回そ。」

おばあさんの歌も、口をついて出る歌ですが、何度歌っても、ちゃんと八音—五音とくり返す調子にのっています。

「うすは、そのときそのときの人間の心持ちを、そのまま歌い出すものだよ……。」とおばあさんはいっていますが、この心（ことば）とともに、日本語の作りだす、リズムにも学習の目をむけさせるべきでしょう。

さて、このおばあちゃんの即興歌は、里帰りした瑞枝親子と千枝子一家のなごやかな話題にもなったりしますが、あの原爆の悲劇のあとは、おばあさんのショックが大きく、

勉強せえ、勉強せえ、つらいことでもがまんして——。

という歎きとも、励ましともつかない石うすのうたう歌になって、この物語が結ばれています。

長々と、石うすの歌の解説のようなことを書きましたが、それは、この作品について、次のような指導の発想が浮かんできたからです。それはどういうことか、

○まず、この作品を読み通し、読み深める学習を展開する。

○それができたところで、おばあさんや、千枝子の口にした、石うすの歌を書抜いてみる。そしてそれが、仕事とからんだ作業の歌であること。作業の歌にからませて、そのときどきの心境

が歌われていることを、とりあげます。
○作業を効率的にする作業歌には、おのずから、リズムのあることも、わからせます。
○こうしてこの石うすの歌の理解のすすんだところで、読み手である子どもたちが千枝子になり、あるいは瑞枝に変身して、おしまいのところに置かれている、石うすのうたう歌に続けて、自分たちの石うすの歌を作ってみるのです。
○歌の中に何を歌いこむか、それは、この作品の理解とつながってきます。それを子どもたちに考えさせます。例えば、
・精も根もつきたと歎息しているおばあさんを励ます歌であってもいい。
・わたしたちは、今後どう生きていくべきか、それを歌ってもいい。
・さらには、なくなった瑞枝の両親のための鎮魂の歌、これはぜひ作りたい。
・徹底的に原爆を憎む歌も作ってみる。
とにかくこうして、読み手の子どもたちが千枝子や瑞枝になって、石うすの歌を作るという課題と取組むとなると、改めて、作品をよく読まなければなりません。これが、歌作りの学習のねらいの一つです。歌の中に何を歌いこむか（表現するか）、それが、もう一つのねらいです。

石うすの歌を、自分の向うに置くのではなく、石うすの歌を、自分の歌にする、つまり歌を作る（書く）ことによってこの作品に融けこむ、そこに、この学習のオリジナリティーがあるといえる

でしょう。

例三　「わらぐつの中の神様」という作品もよく教材研究や、研究授業にとりあげられています。この教材について、井上敏夫先生が、非常におもしろい実験をされています。

それは井上先生が、『「わらぐつの中の神様』の続き」といっておられるように、この物語の続き（後日談）を書いたものです。といっても、それを書いたのは子どもではなく、先生の主宰される研究グループの教師たちで、夏の合宿研修会での課題だったということです。

ふつう、物語の続きとか、後日談というと、例えば、「白髪のおじいさんになった浦島太郎は、その後村の人々を集めて、めずらしい龍宮城の話をしました。村の人は……」というように、ストーリーを引延していくという形のものが多いと思います。が、こういうものがはたして、作品そのものを、読み深める学習になるかどうか疑問のあるところです。ある人は、勝手に後日談をつなぐことは作品の冒瀆であるといっていますが、それはとにかくとして、国語の学習としては、さほど高い評価は望めないと思います。

「続き」といっても、井上先生の「続き」は右のようなものとは趣きを異にしています。わたしが、これをここに引用させてもらおうと考えたのは、この試みが、わたしの主張する「書替え」作文に通じるところがあるからです。

合宿で作られた教師たちの「続き」（一編二百字ぐらい）が、井上先生によって五点ほど選ばれています。一つ二つお借りしてみましょう。あの作品のおしまいのところにつないで読んでください。


A 「ねえ、おじいちゃん。わらぐつの中の神様って知ってる。」

「何のことだい、それは。」

「おみつさんのことよ。お・み・つ・さん。わかるでしょ。」

おじいさんはにこっと笑って目をつむりました。が、またもとのように、何のことだかわからないような顔をして見せました。

＊

B 「おじいちゃん。これおぼえてる。」

「ううむ。」

「おじいちゃんやさしいのね。みなおしちゃった。」

おじいちゃんは、だまってふろおけをマサエに手渡すと、いつもの場所にすわりました。

お母さんの入れたお茶を、いかにも渋い顔で飲みました。


井上先生は、作品の選択条件を四つほどあげています。
(1) マサエ一家の明るくなごやかな雰囲気が続きの部分にもただよっているか。
(2) いかにも現代っ子らしい、明朗でやや、おちゃっぴいなマサエの性格が書けているか。

(3)　家庭の中でのおじいさんの位置、それに対応するおじいさんの態度が書けているか。
(4)　作品の中に何回か使われている「赤くなる」が意識されているかどうか。

これら評価の観点は、読み取りの的確さと深さが、「続き」の上に表現されているかどうかということですし、裏を返せばこのような書く活動それ自体が、価値の高い読むことの学習を産み出す。発問応答によらなくても、こんな学習ができるのだということを証明してくれています。

ところで、右にお借りした、二つの作文AとBをわたし流に鑑別すると、Aの方は、作者自身がマサエに変身した形になっていますし、Bは、原作と同じくマサエが三人称で書かれています。しかしそのことは、「続き」を書くということの場合のねらいからみればどちらでもいいことでしょう。授業者が、このような文章を書き「みなさんもこんな作文を書いてみましょう」と示すことによって、読む学習の仕方を変えていくことができるのではないでしょうか。井上先生も、

新しく創作をするという仕事は、登場人物、その性格や心理、場面や時代、ストーリーなどそれらの諸条件をすべて新しく設定し、創造してかからなければならないという点で、子どもたちにとって、大変負担の大きい仕事だろうと思われます。ところが、ある既成の物語の続きを書くということになれば（中略）既成の諸条件のうえに立って一歩前進させてみるだけでよいことになり……。

と書かれていて、この点は、さきに紹介した（一一七ページ）、大村はま先生の実践とも通じるところがあるといえるでしょう。

井上先生の試みに教わることを書きましたので、ここでもう、一つ、これも先生の手引で学ばせていただいた資料を紹介させてもらいます。これは、先生から、じかに聞いた先生の研究発表の一コマです。

それは昭和五十六年十一月、佐賀大学で開かれた、全国大学国語教育学会でした。研究発表の題目は「明治期自発活動主義作文の普及」というものです。発表の細かいことはほとんど覚えていませんが、いただいた資料が貴重なものでした。わたしはその資料の余白に「明治のころにも変身作文があった」と落書きをしています。その作文というのが、明治三十四年（一九〇一）の「埼玉教育雑誌」にのせられている次のような作文です。

桃太郎に代りてぢゞばゞにおくる手紙　　尋常四年　某

之は日用文体は大体会得してから此題を出して「桃太郎のおぢいさんおばあさんは桃太郎さんの留守に大変心配して居るに相違ない、だから早く安心させる様に手紙を上げて置くのがよい、それを皆が書くのだから桃太郎さんになつた積《ママ》で書くのだ。併しこんな手紙はあまり長く書かなくともよい、直ぐ帰へつて来て逢へるのだから、併しおぢいさんおばあさんが充分安心する様に書くのがよい」と話した処が、子供

　は大喜びで書いた、

「尋常四年某」とありますが、右の部分は、この手紙を書かせる事前に行われた指導の覚え書きでしょうか。日用文は大体会得したから、こんどは、手紙文だという指導の展開です。手紙文を書かせる発想としてはなかなか卓抜だといえましょう。「桃太郎さんになつた積（り）で書く」というのが「変身作文的」です。教師のプランも導入もよかったとみえて「子供は大喜びで書いた、」と書かれています。

わたしの主張する「変身作文」とは、かなりちがっていて、同日に論ずることはできませんが、子どもたちを、物語の渦中の人物にさせ、読んだり、理解したり、想像したことを文章化するということが、八十年もの前に試みられていることがみつかりちょっと愉快になりました。

さて、鬼ヶ島からの手紙として、次のようなものが書かれています。

　私は家を出かけてから、と中で犬やさるやきじに出あひ、おばあさんからいただき候《ママ》ひきびだんごをやつて、みんなけらいにして、じよーきせんにのつて鬼が嶋へつき申候、それより鬼の城へはいり候、鬼ども私共を人げんだと思ひ候て、はじめはばかにいたし候ひしが、私共がみな強く候て、あちこちにおひはらひ申候故、しまいには王様が出てきてこーさんいたし候、私はもうきつと日本へきてわるいことはしてはならぬと申つけ候、鬼共は金ぎんさんごあやにしきなどのたからものをくれ候故、之はもつてかへり候、又おめにかゝつてよくおはなしをし申候御安心下されたく候、

鬼ヶ嶋にて
桃　太　郎

二月十八日

日本にて
おぢい様
おばあ様

○かなり問題はありますが、とにかく候文で書き、手紙文としての形は整っています。「私共を人げんだと思ひ候て、はじめはばかにいたし候ひしが」など、全体が大人っぽい文体の中に、いくつかこういう子どもらしい、ユーモラスな表現もあってほほえましい。
○この物語には離されない「金ぎんさんごあやにしき」の語がちゃんと使えています。若干の道草になりましたが、小さなエピソードを挿入してみました。

例四　「大きなしらかば」という物語教材も、ひところは、いくつかの教科書にとりあげられていました。

あの作品の後半部、しらかばの高い所にのぼりすぎて恐怖に陥っている、わが子アリョーシャを見て一時は動転、辛うじてその動転を抑え、アリョーシャを、こわがらせず、励ましながら、無事に地上へ導く、あの危機的場面は、この作品の核心部だといえるでしょう。

「このときお母さんはどんな気持ちだったでしょう」
「このお母さんのかしこさがわかることばは……」
「もし、お母さんのリードがなかったら……」
などというような発問によって、理解をもたせる指導法は、だれもがすぐに考えつくところです。もちろん、右の発問は、ほんの一例です。いろいろな解釈的追求が行われ、子どもたちの、応答もあれこれと聞かれると思います。

しかし、こういう形の精読指導は、どうしても、母親なり、アリョーシャなりを、読み手の外に置いての解釈です。ですから、さまざまの応答は出されても、それが、一般的、抽象的、通りいっぺんの解釈に終わり、あるところで行きつまってしまうことになりやすい。また、この発問をあまりしつこく続けていると「もういいよ!」と思考停止、応答拒否が起こらないとも限りません。

そこでどうするか、こんな方法はどうでしょう。

「みなさんが、アリョーシャのお母さんになるのです。このお母さんにも一日の仕事を終えて、ほっとする時間があるでしょう。そのとき思い出すのは? そうです。昼間のあの大事件ですね。アリョーシャは、もうすやすやと眠っているでしょう。お母さんは日記をとり出しました。さて、みなさん、このお母さんのきょうの日記、それを書いてみましょう……」

これは、わたしの国語教室的空想です。変身作文は未開拓です。いろいろな形で、授業の中へとりこめる、指導の中から湧き出してくる、読むことと書くこととの連関は、大きな可能性をもっていると思います。この作文にかける時間の長短は、指導の計画、子どもの関心度、教材の指導内容などによって伸縮自在です。

「わざわざ変身作文など書かすようなまどろっこしいことをしなくても」という声も聞かれそうです。

○発問応答による読解指導が、中下位の子どもにとっていかに退屈で、つまらないかがわかっていない教師の声ともいえます。

○これは、教師のリードによる精読追求の授業にべったりと腰をおろし、これにかわる指導の開拓など、いっこうに関心のない教師のことばではないでしょうか。

○書くことは時間をとる、時間をかけただけの実りが得られるかどうか、書くことに臆病であり、書かせることに自信のもてない教師の声ではないでしょうか。

2　短歌、俳句を読む

短歌や俳句をどのように読ませるか、いろいろ工夫がなされてきています。

何はともあれ、読もう、わかろうとする歌なり、句なりをノートに書いてみさせることはどんな教師でもしてみるでしょう。もちろん、何度か音読をする、そして、五・七・五・七・七あるいは五・七・五の定型のことにもふれるにちがいありません。

さらには、語句の注釈、季語、旧仮名遣い、文語表現のこと、短詩型特有の省略表現、作者のことにもふれて指導する教師もいるでしょう。

短小な教材ですが、指導内容は、結構たくさんあります。そしてその内容の大部分が、国語科学習プロパーのものだといえそうにも思います。

しかし、これを学ぶ子どもたちにとっては、こういう学習がおもしろい、歌や俳句に興味や関心を寄せるきっかけになるという保証はつかみにくいと思います。教師が、こういう学習に深入りさせようとすればするほど、授業がしらけて、子どもたちがそっぽを向く、わたしにもそういう経験が幾度かありました。

だからといって右のような指導を否定することはできますまい。指導の仕方によっては、おもしろいとまでにはいかなくとも、関心を寄せさせ、理解をもたせることはできると思います。

ここまでの学習を仮りに短歌、俳句の知的理解だとすれば、もうひとつ、表現的理解とでもいえる学習がのこされているのではないでしょうか。

それは、子どもたちに、短歌や俳句を作らせることかと受取られそうですが、そこまでの飛躍ではありません。

ここに、何冊か百人一首の注釈書があります。注釈書は、ふつう、まず、歌を掲げ、その次に、その歌についての「通釈」または「口語訳」。つづいて「語釈」「作者」「参考」といったような項目を並べています。

春すぎて　夏来にけらし　しらたへの　衣ほすてふ　天の香具山

この歌について、

春が過ぎて、夏が来たらしい。白いきものを干すという香具山に、いま白い夏ごろもが目にあざやかである。（A書）

「口語訳」という見出しがついています。ほとんど書き手の主観的解釈を加えず、直訳的に口語にしています。

あゝ、もう長閑な春も過ぎさって、いよ〳〵夏が来たらしい。夏になると白い衣をほすという香具山にあんなに夏衣がほしてあるから（B書）

この書には「通解」の見出しがついています。A書の「口語訳」にくらべると、書き手の独自な理解、心情がかなり濃厚に、表現されています。もう一つ並べてみましょう。

春はいつしかすぎゆき
夏が来たらしい
夏ともなれば白妙の衣干すのが習いの
あの香具山に　今年もまた

白い着物が並びはじめたそうな　（C書）

Cは、大岡信氏の著作で『現代詩訳　小倉百人一首』という書名になっています。現代詩訳というのは、単なる説明、通釈ではなく、著者が、歌意を生かして、現代詩風に書替えて、大岡氏自身の表現を読ませようとする意図といえるでしょう。

以上「口語訳」「通解」「現代詩訳」は、それぞれその表現にちがいはありますが、そこに共通するものは、短歌（韻文）の散文化ということです。

いうまでもなくこの散文化は、短歌の理解を表現したものにほかなりません。それは短歌の「書替え」です。書替えることによって読む、それは、それぞれによってちがいます。ちがった理解、ちがった表現が、書くことによってはっきりしてきます。ちがったもの、あいまいなもの、それらを比べてみることによって、学習を大きくゆさぶることができるでしょう。

「もういいかい」「まあだだよ」風の月見草　　浜　良彦

子どもたちは夕方までかくれんぼをして遊んでいる。風にふかれながら、月見草が花を開きはじめた。月見草のさきつづく、土手のあちこちから、かくれんぼをする子どもたちの明るい声が聞こえる。

子のバケツ　目高の下に　ふなしずか　　　　　　篠原　梵

子どもはとってきたさかなをじまんそうに見せている。「どれどれ」とおとうさんがのぞきこむ。何びきかの目高と何匹かの鮒がバケツの中にいるようだ。目高は水面に近いところをチョロチョロ泳いでいるが、さすがに鮒は、バケツの底にじっと落ちついていて動かない。

ふるさとの訛《なまり》なつかし
停車場の人ごみの中に
そを聴きにゆく

仕事につかれたぼくは、ペンを置いて、ぷらっと外に出た。冷たい風が吹きぬけていく。えりまきをかたく巻き、ふところに手を入れて歩き出した。どこへ行くという当てはない。しかし足はいつのまにか、上野の駅にむかっている。

駅はきょうもにぎわっていた。改札を通ってプラットホームにはいってみる。まもなく屋根に雪をのせた汽車がすべりこんできた。とびらが開くと、わぁっと乗客がホームに降りる、出迎えた人々と大声でことばをかわす。なつかしいふるさとのことばの丸出しだ。だれに遠慮がいるものか、人ごみの中でもみくちゃになりながら、ひさしぶりにふるさとのなまりを、胸いっぱいに聞いてきた。

書き手は「ぼく」すなわち啄木に変身して書いています。この歌によって触発される理解と、想像と、歌の心を表現しようとしています。

○啄木はどんな気持ちで上野駅へ行ったのでしょう。

○上野駅でふるさとのことばを聞いた啄木は、どんな気持ちがしましたか。

などというような発問で、ちくりちくりと歌をつっつき回すような指導はしなくても、このように書くことによって歌の全体像をとらえさせることができます。書かれたものは、子どもそれぞれにちがいます。ちがうからおもしろいのです。ちがうから、くらべてみることに意味があります。くらべることによって話合いがもりあがり、話合いによる学び合いが、次に書く変身作文のバネになるのです。

七、説明的文章における「第三の書く」

1　読み手が書き手になる

説明的な文章の学習にも「書くこと」は大いに導入していきたいものです。視写や、抜書き、要約などはかなり広く行われていて、書かれている事実や事象その他の理解だけでなく、語句や文、文章の構成などの指導にも生かされていると思われます。

ただこの種の教材文に対応する読み手は、「なるほど」「そういうわけですか」「わかりました」というような受身の姿勢で読むことが多いのではないかと思われます。

この読みの姿勢、これはこれで大切だと思いますが、読みすすめた段階では、この受身の読み手から一転して、書き手側に回った説明者になる、そういう学習指導を試みてみてはどうでしょうか。その学習の一つは、読み手として理解したことを、説明しやすいように「書替える」ことなのです。

これは説明的な文章をおもしろく読ませる新しい指導法です。

「自転車の歴史」(G社四年上)という説明的な文章があります。題名の通り、自転車の発達が説明されています。これを発達の順序に従って読むことは、どの教室でも行われるでしょう。

わたしは、一通りこのような学習の終わったところで、子どもたちを読み手の立場から、話し手、「自転車の歴史」の解説者にさせてみようと思います。

その場合この文章、この記述内容を、家族(父母、弟妹など)に話すというような設定にしてみます。

話すとなると、教材文の理解が十分にいきとどいていなければなりません。特に自転車の進歩過程における、工夫、発明のポイントが、よくわかっていないと聞き手を納得させることができないでしょう。となると、教材文を前に置いて、自分だけわかる、わかったという読み方では不充分ですし、不安です。語り手の立場で読み直し、読み深めなければなりません。そのためにどうするか、子どもたち各自に、解説用の文章を書かせてみることにしてはどうでしょう。もちろん、教材文を下敷にしていいのです。しかし、解説者の立場で、うまく解説するために書くのですから、原文の丸写しではおもしろくありません。解説者の独自な理解や想像が加わってもいい、ここは大切なところだと考えれば、そこをていねいに話すように書くわけです。

いうまでもなく解説を書くためには、自分だけがわかればいいという読み方よりも、ずっと念入りに読まなければなりません。もし理解の不充分なところがあれば、友人や教師に当たって明らかにしておくことも必要でしょう。

全文八ページほどの教材です。全体にわたって解説を書かせてみてもいいですが、必ずしも、それにこだわることはないでしょう。たとえば、ミショーの「ペロシペド」から「だるま型」の自転車への発達、「ペロシペド」からギルメの自転車への飛躍など、部分をとりあげて解説するという形でもおもしろいと思います。

段落を追って一つ一つを、発問の誘導で読ませていく精読方式についての批判はすでに縷々述べました。この教材文なども、段落の一つ一つを同じパターンで、読みすすめていこうとすると、せっかくの知識、情報（人間の生活の知恵と創造のおもしろさ）を、授業によってつまらなく、しらけさせることになりかねません。

こういう指導からぬけ出したいものです。一人ひとりが、しっかり読み深めようとするシチュエーションをどうして作るか、そのための有力な方法は、説明をするための作文（目の前にいる聞き手に話すように）を書いてみることです。

書いたものを読比べてみます。自転車発達の過程をいくつかに区切れば、この教材で何回も短い解説作文が書けます。これも一つの「書替え」です。この書替え作文をおもしろくする、子どもたちに興味をもたせるには、説明を聞いてくれる相手にもたせること、しかも、その相手が、説明内容については何も知らないという想定、これが大切です。

物語を「書替え」るときは、ストーリーは大きく書替えることをせず、学習者が登場人物に変身して物語に没入し、教材文に触発された理解、さらには想像の広がりを、書替え作文（変身作文）に盛りこんでいきます。しかし、説明的な文章の「書替え」は、必ずしも叙述の順序に、こだわらなくていいと思います。書かれている内容をよく理解しておくことは先決ですが、それを聞き手に伝えるための「書替え」は、書き手（解説者）の都合のいいように構成していいのです。そこが、説明的文章の「書替え」のおもしろいところだといえるでしょう。子どもたち、めいめいが、同じ内容を、ちがった表現で解説するわけです。ですから、書けたものを比べるのも、とてもおもしろいと思います。

2　どう書替えるか

次に、説明的文章の「書替え」事例をあげてみましょう。

例一　教材文は、「キョウリュウの話」（M社四年上）。

今から二億年ものむかし、地球の上には、キョウリュウという動物が住んでいました。キョウリュウは、そのころ、地球の主人公としてたいへん栄えていました。

キョウリュウには、たくさんの種類がありました。

とくべつ大型だったのが、ブロントサウルスやブラキオサウルスなどでした。体の長さが二十メートルから三十メートル、重さも何十トンという大きさでした。ブロントサウルスやブラキオサウルスは、草や木の葉を食べていて、体の大きいわりにはおとなしいキョウリュウでした。(以下略)

この教材文を、たとえば次のように書替えてみました。

「おとうさん、キョウリュウっていう動物のこと知ってる。」

「知っているさ、そのくらいのこと、大むかし、この地球上にいた、大きな動物だろ。」

「そう、そう。大むかしって、いつごろのこと。」

「そうだなあ、何億年というくらい前だな。」

「よく知ってるねえ。二億年ものむかしだったそうだよ。その二億年てね。どのくらいむかしか、ピンとこないだろう。そこで、こんなことをしてみたの、一年を一㎝として、線を書くと、二億年の線の長さは、何と二百キロにもなるよ。」

「へえ、」

「お父さん東京から、西へ二百キロというと、どのあたりかわかる。」

「うーん、熱海、いや静岡あたりかな。」

「いいとこ、もう少し向こう、浜松あたりかもね。」

「さっき、キョウリュウは大きい動物だといったけど、身長、体重は……」

「そんなことわかるもんか」

「いや、わかっているよ。大きいのはね。身長が二十メートルから、三十メートル、体重が数十トンもあるんだって」

「そりゃすごい。そんなキョウリュウ何を食って生きていたのかな。」

「キョウリュウの種類によって、ちがうけど、この大きいのは、木や草の葉を食べていたんだって。でも中には、ほかのキョウリュウをおそってその肉を食うという気のあらいのもいたそうだよ。」

「へえ、キョウリュウにもおとなしいのと、気のあらいのがいたのか。」

「いろいろ、種類のちがったのがいたらしい。ブロントサウルス、ブラキオサウルス、タイラノサウルス。ぼくだって、五つ六つは知っているよ。」（以下略）

学習者とその父との対話の形に「書替え」ています。このように書替えてみることによって理解を確かにすることはもちろん、多くの子どもが、恐龍に対する関心を高め、中には教材文以外の文献へ読書を広げていく子どももでてくるのではないでしょうか。読みっ放しでは、そういう学習の広がりは、ほとんど期待できますまい。

例二　説明的な教材文は、たいてい、よく整った構成になっていますから、これを、表とか、図式に書替えることができます。このような書替え学習もなかなか効果的な学習です。

「キョウリュウ」の話を表にまとめる学習を想定してみましょう。

種類	身長	体重	体の特長	生息地	食物	性質
ブロントサウルス ブラキオサウルス	20m〜30	数十トン	とくべつ大型	陸上	草、木の葉	おとなしい
タイラノサウルス	10m	？	するどいつめと、よく切れる歯をもっている	陸上	他のキョウリュウをおそって肉を食う	気があらい

表や、図式に書替えるとき、「見出し」のことばの案出をきめることが大切なポイントです。「見出し」は叙述されている内容を項目としてとらえなければなりません。表にまとめる場合、この「見出し」をあらかじめ、教師が、きめておくとすると、せっかくの学習価値を横取りするかっこうになります。なるべく子どもたちに、みつけ出させるようにしたいものです。

なお、教科書の教材文だけでは、記述内容が足りなくて、空欄になります。空欄はそのままにするか、他の書物によって補うか、これも、子どもに考えさせてみます。

例三　ここまで書いて一休み、手元にある雑誌「実践国語研究」（No.62）を読んでいたところ偶然次のような記述が目に止まって、ちょっと驚きました。その記述というのは、太田三十雄氏の書かれた「印象に残った発問から学ぶ」という論文の冒頭部分です。

ある学校の五年生の国語科の授業の際のことである。説明文教材「富士は生きている」（M社五上）を使って指導を進めていた。この時の主たる発問が、ちょっと意表をつくものであった。学習指導案の学習活動のところには、「叙述に即して宝永の噴火の有様を読み取らせる。」としか書いてなかったのだが、その先生は、

T「君たちに、江戸時代の人になってもらう。」

――一瞬、キョトンとした子供たちは、少しニヤニヤしながら、「何をするんですか。」「どういうこと。」などと言いながら、雰囲気がやわらいできた。

T「宝永四年（一七〇七年）の十一月二十三日の日記を書いて欲しいんだ。みんなは、東京すなわち『江戸』の住人なんだから、そのつもりでやって欲しい。」

――「ええっ」という者、「あ、そうか」と反応する者、隣り同志で教科書を指で示しながら話し合う者等々、少々わいわい言いながらも教科書を読み、そして話し合い、ワークシートに記録していった。

少々長い引用をさせてもらいました。わたしの驚いたのは、この授業者の発問、その中でも、太田氏の意表をついたと書いている、「――十一月二十三日の日記を（江戸の住人のつもりで）書いて欲しい」という一節です。

わたしはさきに、「大きなしらかば」の母親になって日記を書くという学習を、発案したことを

書きましたが、「江戸の住人になって」も、同じ発想といえるでしょう。世の中には似たことを考える人がいるものだなと驚きました。

太田氏はこの発問に促されて、子どもたちの書くであろう日記のことを、大体次のように予想しておられます。

1 ごく普通の子でも、教材文を翻案して、再生すれば何とか書けるだろう。

2 やや上位の子どもは「はいの降り積った深さ」「山焼け」などの事実を考え合せて記述を進めるだろう。

3 さらに上位の子どもは直接に見ることのできなかった噴火の爆発音と雷鳴とを結びつけるような記述も期待できそうだ。

日記は読み手を意識せず、克明に、リアルに書くというところに特長があります。教材文には、この噴火がかなり細かく書かれています。二百八十年も前の江戸市民になって、日記を書くというこの発想によって展開する学習を、

(教材文を) 読みとり
自分なりに整理し
再生して記述する

学習ととらえておられます。説明的文章の指導(学習)にも、このようにいろいろな書く活動が求

められているという一例を拾うことができました。

八、伝記教材における「第三の書く」

人間を書くという作文の学習も大いに開拓されるべきだと思います。

これまでも、生活作文のひとつとして、父母、兄妹、友人、教師を対象にした作文は、数多く書かれています。このような、身近な人を書くことは、子どもの作文にとって重要なテーマです。

しかし、だれかの伝記を書くとなると、これはなかなか手におえません。書き残されている資料を調べるとか、伝聞を集めるなどということは、子どもの手に余ることだといえるでしょう。

教材文には、個人の生涯を集約し、伝記の形にしたものがあります。これをどう学習するか、まずは、すぐれた人柄、りっぱな業績を読みとり、それに感動をもつというのが、伝記理解の表向きの学習ということでしょう。しかし、これでは、どうも、人間理解、人物に学ぶという国語の学習としてはものたりない。その人物をもっと読み手に引寄せ、人物に学ぶとともに、伝記を書くというような学習ができないものか。

わたしの小さな試みの一端を書いてみようと思います。

1　和井内貞行の伝記を書く

この授業は、新潟大学附属長岡小学校に勤めておられる庭野三省氏とのリレー授業という形で行いました。教材文は庭野氏が選んだ和井内貞行の伝記「十和田のひめます」、指導の対象は、四年生庭野学級です。

このリレー授業の詳細については、わたしの主宰する月刊誌「国語教室」に、庭野氏が書いてくれていますので一切省略し、ここでは、伝記の学習に、書くことをこのように組織してはどうか、その提案をしてみようと思います。

さて、その指導をすすめるために、わたしは次のような、「学習の手引」を作ってみました。

和井内貞行の伝記を書いて本にする

・レポート用紙を使う
・半紙を使う

表　紙

書名
「和井内貞行の伝記」
ほかに〈伝記　和井内貞行／養魚の一生〉など

とびら

まえがき

○貞行の仕事、努力、人柄に心を動かされて……。
○四年生の国語の勉強の力だめし、まとめとして……。

もくじ

○本文につけた小見出しを並べてもくじにする。
○全部書きあげたところで、ページを入れる。
（小見出しをつける―考えるこの勉強はたいせつ）

本　文

○小見出しをつけていく。
○本文をていねいに、美しく書き写す。
○ひとくぎりごとに、感想や、意見、あるいは主人公に言ってやりたいことなどを書く。
○さし絵を入れるのもいい。

和井内貞行の伝記　↑これは大見出し
一　決心をする　↑これは小見出し
↓「十和田湖でさかなを育ててみたいがどうだろう。」ランプのほのおがゆらめくろばたで和井内貞行はつまの……………
…………………………………………
……………………………………□□□
……………………□□□□□□□□□□
↓□□□□□□□□□□□□□□□□□□□□□□□□□□□
□□□□□□□□□□□□□□□□□□□□□□□□□□□□
□□□□□□□□□□□□□□□□□□□□□□□□□□□□。
―本文より少しさげて赤字で書くといい。

年　表

・安政五年：秋田県毛馬内町で生まれた。
・明治十七年：十和田湖にこいを放ち養魚を始める。
・　　年：…………………。
・大正十一年：秋田県毛馬内町で世を去った。

あとがき

○この伝記を書くなかで苦心したこと。
○この勉強をしてよかったと思ったこと。など

裏表紙

○めいめいくふうした表紙をつけ、題字を書いて、美しい本に仕上げる。製本…工作。

◇太線のところは、みんな書く。

この「手引」は、「伝記を書いて本にする」ための設計図でもあるのです。「本にする」学習の内容は、上段右の「表紙」から左端の「裏表紙」まで連続した形で行われることになっていますが、この学習の中心は、いうまでもなく「本文」です。ここに、書くことによって読むの学習が集約されているといえるでしょう。

この本文を仕上げるための学習は、

(1) 教材文をていねいに（活字のようにかっちりと）視写する。（いくつかの段落〈意味段落〉で区切ること）

(2) 一区切り毎に短い「見出し」をつける。（要約の学習）

(3) 一区切り書写をしたあとに、読み手の立場にたってのコメント（感想、意見、主人公に話したいことなど）を書く。このコメントの部分が、この学習の中核部分で、ここが「本になる」か「ならない」かのポイント。上の「手引」の中の□□□□……のところが、コメントを書き入れるところ。

(4) 本文が書けたら「もくじ」「まえがき」「あとがき」を書く。

ここまでできたら、まず八割は書けたことになります。

なお、余力のある者、本としての体裁を整えたい者は、年表を書き、とびらなどをつけて製本をするなどという学習があります。

「本を作る」一連の学習の中で特に重要なところは、前述もしたように、「書写」「小見出し」そして「コメント」の三点です。

文章をていねいに、根気よく書き写す努力、気の利いた「小見出し」と「コメント」は、文章をしっかり読まなければ書けない、ここに大きな学習のメリットがあるのです。

子どもの力で、人物の伝記を書くことは困難なことでしょう。しかし、こういう形にすれば四年生の子どもにも「伝記を書いた」という学習経験をもたすことができます。すでにストーリーのできている物語にのっかって変身作文を書く、あの学習と同じ手法なのです。

仕上がるまで、いくら短くても二週間くらいの時間を予定しなければならないでしょう。となると、正規の国語の時間を充てることは無理かもしれません。ある期限(〆切日)を設け時々進捗状況を確かめながら、自由に書かせることにしてはどうでしょう。庭野学級の子どもたちは、わたしとの授業のあと、担任の指導によってみんな「本」を仕上げました。

「十和田のひめます」(和井内貞行の伝記)その読みの指導をわたしにリレーし、さらにわたしから「和井内貞行の本を作る」という指導のバトンを受取ってくれた庭野さんは、その後の展開について、次のように述べてくれています。

＊

資料も含めて二十四ページの本に仕上げた堀由佳は「おわりに」という項で次のように書いていた。


私達は、和井内貞行の勉強をいっしょうけんめいしました。その最後のじゅぎょうの日は青木先生のじゅぎょうでした。青木先生に『本』を作ることを初めて教えてもらいました。

私は初めての本作りをしたので、とてもきょうみをもち、ちゃくちゃくと書き始めました。

始めは、どこから手を出したらいいのかわからなくて、青木先生にもらったプリントをじっとにらめっこしていたら、なぜかむずむずしてきて、本文を先に書き始めました。(以下略)

本を作るという発想は、どの子の心にも新鮮に響いた。授業の後、家に帰ってからどんな本にするのか、相談したグループもあったほどである。

しかし、いざ始めてみると堀由佳のようにとまどう子どもも見られたことも事実である。ところがプリント（青木先生の自作の手引）があるので、それをじっくり読みこなすことによって、一人一人の子どもはそのとまどいを乗り越えていったのである。

青木先生の言葉を借りるなら、その手引のプリントは「子どもたちにとって学習のプランであり、設計図」そのものであったからである。

ところで、その設計図がけっして画一的でないことに注目しなければならないだ　例えば自分なりにひとくぎりに分けて、それに小見出しをつけていけるからである。小見出 のつけ方にもその子の読み方が出てしまう。

「たおれるまでやりましょう」という貞行の妻カツ子のはげましのことばに感動している子どもは、「カツ子のことば」というような小見出しをつける。しかし、同じところでも「今度はますだ」という小見出しもできるのである。

こういう本づくりの作業は、共通におさえることと一人一人にまかせることを区別した方がいいのだろう。また、手引はあくまでも一つのプラン、設計図でしかない。私のクラスの子どもは、青木先生の手引以外のことも本の中に入れていった。

例えば、「おわりに」を紹介した堀由佳は、「貞行さんをみならいたい」という感想文や「貞行が十和田湖に放流した魚の数」という自分で調べた資料なども入れていた。

本文をしっかり書き写すことだけでも価値があることである。しかし、それだけでは子どもの学習意欲が続かない。そこで小見出しをつけたり、感想や意見を赤ペンで書くような工夫が求められるのである。

この本づくりの学習は、個人文集づくりともつながる学習だと思っている。私達は子ども達が学習したあとを、記録として残してやらなければならないのではないかと考えている。

＊

文学的な教材と、説明的な教材との中間にあると思われる、伝記の指導をどのようにすすめていくか、庭野氏は、書くということを軸にしたこの「本作り」について、

一、子どもたちはめいめい持前の能力に応じた学習をすることができた。

二、しかも、それぞれ独自性のある本をつくっている。

三、それにつけても、あの手引の役割は大きい。

といっています。この指導は、伝記の学習指導について一つの道を開いたことになるのではないでしょうか。

2　志鷹光次郎に、勲章をおくる推せん文と表彰状

「山にささげた一生」（G社四年下）という伝記教材があります。この山というのは立山を中心とした日本アルプス。伝記の主人公は、生涯を稀にみる山のガイドとして生きた志鷹光次郎さん、教材文の筆者は、志鷹さんと親交のあった読売新聞の記者山本栄一氏です。

志鷹さんの生涯がこのように教材化されるについては、わたしも多少関係するところがありましたので、なみなみならぬ関心をよせてきました。もちろん何回も指導してみましたし、志鷹さんの

ことについて、山本氏と対談をしたこともあります。（「「山にささげた一生」をめぐって」〈学習教材研究、国語・No.67〉学校図書）

この教材を研究仲間のKさんが指導した記録があります。伝記の指導としては発想がおもしろいので、紹介をしてみようと思います。

何時間かの指導が続けられた、終末に近いころだろうと思います。Kさんは、子どもたちに次のような手引を配りました。その手引は、

こうした長い間の努力がみとめられ、黄綬褒章や総理大臣賞、勲六等旭日章などがおくられた。勲章をもらったからえらいなんて、ちっとも思わない。実際、勲章なんかもらわなくたってりっぱな人はいっぱいいる。けれども、勲章をもらうにはそれなりの理由がある。ごくふつうの山案内人が、なぜいくつもの賞や勲章をもらうことができたのだろうか。

さて、四年二組の三十人（一人欠席）に勲章をあげる選定委員になってもらった。そして、一人ひとりに、志鷹光次郎氏に勲章をあげる、あげたい理由、つまりすいせん文を書いてもらうことにした。（中略）

さあ、だれのすいせんする志鷹さんに勲章をあげたらよいだろうか。

学習者たちは何をどのように書いたでしょうか、二篇を紹介しましょう。

石沢陵子

志鷹光次郎さんは、登山者にとてもしんせつで、夜テントの外で、ひとばんじゅう火をもやして、登山

者をあたためていて、自分はそのそばでうとうととわずかにまどろむだけだったのです。

食事のときは、登山者がじゅうぶん食べるのを見とどけてから、初めてはしをとるのです。ゆうかんな反面つつしみぶかくて、人に会うとてもていねいにおじぎをしています。いばったことばを使ったことは一度もなかったそうです。

山のガイドが少なくなってからも、光次郎さんは、一人でとてもがんばっていました。

また、花や草、鳥などにもしんせつで、ふみつけられた花や草の芽を見つけると、そっと起こしてやったり、鳥に声をかけたりもしています。鳥の方も、光次郎さんの声を聞くと近よります。(中略)

志鷹光次郎さんはとてもりっぱなガイドなので勲章をあげてもいいと思います。

上村絵美

あなたは、自然を愛し、登山者に、自然の美しさ、とうとさを教えながら、ガイドの仕事一すじに生き、そうなん者の命を救ったこともたびたびありました。

あなたは山の恩人です。あなたは、病気でも、わかい人のたのみでもひき受け、山をわすれず、山を案内したこともありました。

このように、山での自然の美しさ、とうとさを登山者に教えてきたので、この勲章をさしあげましょう。

昭和六十一年一月二十四日

志鷹光次郎どの

石沢という子はKさんの手引に求められている線にそって、この名ガイドを推薦する理由を書いています。書いている内容は、教材文からの引用ですが、ことばの使い方、事実の理解などは確かなものです。読むことと書くことの一体化がうかがえます。

上村という子は、推薦文というよりも、いきなり賞状の文面に当たるものを書いています。これは必ずしもKさんの指導意図にはそっていませんが、とてもおもしろいと思います。業績を整理集約して表彰の文章を書くということは、四年生にとって少々骨の折れることだろうと思います。しかし、表彰状の文章を書いてみるというアイデアはなかなかおもしろいと思います。光次郎の功績の中には表彰に値するものがたくさんあります。それらの中で、特にどれをとりあげるか、子どもたちめいめいに考えさせ、三項目ぐらいにしぼったところで、表彰状の文章を作らせてみてはどうでしょう。

また、賞の種類たとえば「自然愛護賞」、「ガイド技術賞」、「登山者親切賞」などを考えさせ、それぞれの賞の文面を作ってみるのもおもしろいと思います。このような学習を経験すると、家庭や学校に飾ってある賞状類にも関心が広がるのではないでしょうか。

この学習は書かれている内容をまとめる、要約する、要旨をとらえるという学習とも関連をもたせる、いや要旨をとらえる、要約をするの学習そのものだということができると思います。

おわりに

国語の授業はむずかしい。

どう指導するのがいいのかわからない。

若い教師たちから、しきりにこんな声が聞こえてきます。この悩み、この困惑、これは必ずしも、今日の教師たちだけのものではないと思われます。

わたしにも、青年教師の時代がありました。いちばん嫌いな授業が修身、これという決めてがもてず迷ったのが国語の授業でした。

もっとも作文だけは、当時、生活綴り方の指導者として日本的な存在であった木村寿氏と同じ職場に勤めたことがあったので、見様、見真似で何とか一応のことはできました。しかし、読むことの指導にはいっこうに自信がもてず長い間の模索が続きました。これが、二十歳代の前半、わたしの延岡時代です。

その後、宮崎師範の附属小学校に移ってもこの低迷は続きましたが、その模索と焦燥の中でみつけた一条の光、それは芦田恵之助先生のあの七変化の教式です。この教式を拠りどころに、これならという授業を求めました。

しかし、たとえ指導の展開が、あの七つの過程にかっこうよくおさめられるようになったとしても所詮は借り物です。わたしは前後三回芦田先生の授業を見ていますが、見る眼がなかったのでしょう。先生の国語教室にゆさぶられるものはほとんどありませんでした。

ところが、幸い芦田先生に代わる人、古田拡氏の著作がわたしをとらえました。そしてまもなく氏の授業を見る機会に恵まれました。最初は山口県での夏季研修会、翌年は宮崎に氏を招いて三日間、たっぷりと低、中、高いくつかのクラスで、いくつかの読み方、綴り方の授業を見ることができました。古田氏の授業の魅力は、新鮮な発想と、奔放滑脱、豊潤な文学性にありました。この授業に感銘し、強い触発をうけましたが、教えられたことは結局、「君は君の授業を拓け」ということだったと思います。

戦時中に上京して、職場の環境は大きく変わりました。しかし、わたしの授業そのものは、宮崎からの持越しです。そして空白の戦後です。やや落ちついてきた二十年代の後半から三十年代の前半にかけての十年間も、学校を挙げて取組んだ研究態勢の中に埋没して、わたし自身の国語科を充実させることはできませんでした。

ただし、この間、次のような（国語教師としての）基礎を固める修練の機会を得たことは大きな収穫でした。

その一つが国語教科書の編集です。教科書の編集に学んだことは、文章の見方つまり教材評価の力と、もう一つは文章表現力です。わたしたちの書いた教材文が、編集仲間はもちろん、志賀直哉、永井龍男、神西清、阿川弘之といったお歴々の痛烈な批判をうけるのです。これは、まことに得難い体験でした。

もう一つはNHKの「ラジオ国語教室」です。放送は授業形式で、およそ十三分三十秒、スタジオでは、主として話しことばの指導をするのですが、指導の構想と展開を台本に書くこと、局内の番組担当者、さらには、われわれ放送者仲間による、教師自身の話しことばと、その指導内容の相互批正など、ここでも、非常に多くのことを学びました。

三十年代にはいると対外的な公開授業、執筆、講演と、わたしのオリジナルな主張、そして授業が求められてきました。『問題をもちながら読む』(39年)『書きながら読む』(43年)は、わたしの国語教室の実践的提案ですが、いずれもまだ授業研究の一過程です。

しかしこの二著によって、わたしの志向する授業の輪廓を描くことができたと思います。わけても、後著『書きながら読む』は、わたしのつかんだ、わたしの授業構築のキーポイントを明示したものだといえるでしょう。

戦後の四十年間、わたしはざっと数えて、千二、三百回の公開授業をしていると思います。しかし、その大部分が意に満たない授業です。どこに不満があり、欠点があるか、簡単に指摘することはできませんが、次のようないくつかの課題をあげることができると思います。①クラス全員の参加する学習活動、②全員集中の時間、③個別でしかも独自な理解と表現、④学習の累積とその学力化、などがそれです。

このようなねらいを授業の上に実現するために、わたしは、わたしの授業の拠点として「書くこと」の授業開発に取組みました。発問依存の授業を脱却して「書くこと」を授業に組織する指導を数多く試みてきました。これは非常に魅力のある実践です。

「書くこと」は、すでに早く、芦田教式によって、わたしの授業に点火されてはいましたが、授業を通してその実体を究明するにはいたりませんでした。

しかし、四十年代から五十年代にかけての思索と実践によって指導（学習）における、「書くこと」の価値と機能をとらえることができたと思います。

わたしのとらえた「書くこと」は、芦田以後、その研究と実践にさほどの関心と開発のなかった、国語科指導の盲点を摘発することであったといえるでしょう。

わたしの主唱する「第三の書く」は、「書くこと」を授業の中にどう生かすか、それが国語の授業にとってどのようなはたらきをもつものであるか、その実践的な体系を提示したものです。といっても、この指導法の開拓は、その魅力的な課題の多くを今後にのこしています。

国語科の授業に自信のもてない授業者、あるいはこの研究に意欲をもつ若い教師たちに、「第三の書く」の実践的な開発を期待してやみません。

「書くこと」はこれまでともすると授業の埒外に置かれてきました。しかし、そもそもこの書くことの指導は、それをしてもしなくてもいいというものではないのです。一人ひとりの教師にこの指導技術をぜひ身につけてもらわなければなりません。「書くこと」の指導が授業を立直します。そこから新しい授業の発想が生み出されます。いうまでもなく子どもたちの学習が変わってきます。

「第二の書く」それはけっしてむずかしい提案ではありません。「道は近きにあり」です。

解説 ―――――――――――― 桑原　隆

本書の『第三の書く』という書名は、少しばかり風変わりな命名である。「第一」及び「第二」の「書く」は何かということを伏せ、それにより読者に問題意識を喚起している。著者の青木幹勇（一九〇八・明治四一年〜二〇〇一・平成一三年　享年九三歳）は、生涯にわたり小学校の国語教育の実践的開拓に取り組み、とくに戦後の国語教育を築き上げてきたもっとも優れた実践家の一人である。東京高等師範学校・東京教育大学（現・筑波大学）の附属小学校の教師として三十年余勤め（一九四二・昭和一七年〜一九七三・昭和四八年）、退職後も文教大学や各地の研究会等で、国語教育の実践的指導に心血を注いできた。青木の卓越した実践及び主張は多々あるが、なかでももっとも独創的で、意義深いのがこの「第三の書く」という実践であり、その体系化である。

『第三の書く』が刊行されたのは一九八六・昭和六一年で、既に附属小学校を退職しているが、「第三の書く」の実践は附属小学校時代の実践の総決算ともみてよいであろう。本書には「読むために書く　書くために読む」という副題が付けられている。当時の学習指導要領は、昭和五二年に改訂・告示されたもので、表現と理解の関連指導が位置付けられ、とりわけ「読み書きの関連指導」が実践的課題となった。青木の「第三の書く」は、副題にも見られるように、読み書き関連指導の一環とも位置付けることはできるが、青木の実践は昭和五二年告示の学習指導要領に触発されたものではない。一例を挙げておけば、青木はすでに『書きながら読む』（明治図書）という著書を昭和四三年に出版しており、以前から「第三の書く」の実践的探究は青木自身の一大課題となっていたのである。青木は本書で次のように述べており、改めて注目しておきたい。

課題といえば、もっと根源的なところにあるといえるでしょう。それは、これまでにもいくたびか触れてきた、発問を授業の骨格とする発問依存、発問過信の授業を変えていくことです。発問は授業にとって非常に有力な手だてではありますが、これだけにこだわっていては、多彩な指導法の創造的な開発は望めません。わたしたちはずいぶん長く、発問の桎梏の中に閉じこめられてきたのではないでしょうか。

「第三の書く」は、脱発問の方法的展開のひとつということができるでしょう。（一一〇頁）

発問の大切さや有効性を否定しているわけではないが、「脱発問の方法的展開」を自らの実践的課題として追究し、その行き着いた実践が「第三の書く」であるということである。『第三の書く』が刊行されてすでに三五年弱の時が過ぎているが、この実践的課題は我が国の現在及び未来の国語教育にとっても依然として貴重で重要な実践的指針である。二〇一二・平成二四年八月に出された中央教育審議会の答申において、「従来のような知識の伝達・注入を中心とした授業から、……能動的学修（アクティブ・ラーニング）への転換が必要である。」との見解が提示された。これを機に、アクティブ・ラーニングという用語が頻繁に使われるようになり、同時に、「ディープ・ラーニング（深い学習）」という考えも提唱されてきている。アクティブ・ラーニングもディープ・ラーニングも、教育全体に対する考えで国語教育に限定されたものではないが、「第三の書く」は、国語教育におけるアクティブ・ラーニングやディープ・ラーニングの一環として位置付けることができる。

「第三の書く」には、「第一の書く」としての「書写（習字）」と、「第二の書く」としての「作文」が前提になっている。「書写」とも違い、「作文」とも違う書くことの領域――［視写／聴写／メモ／筆答／書抜き／書込み／書足し／書広げ／書替え／書きまとめ／寸感・寸評／図式化／その他（一五頁）］――があること、及びそこにこそ豊かな実践の土壌があることに着目し、体系化を図ったのが本書『第三の書く』である。その際、この領域をどのように命名したらいいか、青木はかなり思案し模索したのではないかと推測される。多様なこの領域について、「書写」「作文」と並ぶ同じレベルの用語で名付けることは困難との判断から、「第三の書く」と命名したのではないかと思われる。その経緯は次のように語られている。

「第三の書く」などと、まったくなじみのない命名ですが、……雑然としていたいろいろな書くを、このように束ね、このように整理してみると、その機能も明確にとらえられますし、それを生かすいろいろな方策もおのずから発想されてくるはずです。……「第三の書く」というネーミングによって、この書くの概念化、つまり、この書くの存在と機能を明確にすることができるといえるでしょう。(一四、一六頁)

「第三の書く」は図式化され、体系化されて表1及び表2として提示されている(一五頁)。表2に見るように、「第三の書く」の体系は、「基礎」「展開」「総合」の三つの層、或いは三段階から構成されている。これらの分類に基づいて、青木が開拓してきた実践が具体的に、分かりやすく紹介されている。共感し、共鳴できる実践ばかりであるが、とりわけ刮目に値するのが、「基礎過程」に位置付けられている「視写」である。それは「正しく、ていねいに」書く「書写」ではなく、「慣れ」と「スピード(速度)」を育てる「視写」である。青木は自身の経験から、「分速――低学年一五字~二〇字、中学年二〇字~二五字、高学年で二五字~三〇字」(四四頁)という速度で視写できるように指導することが望ましいという。このデータは類例のない貴重なものである。国語のもっとも基礎的な学力として、算数の「九九《くく》」に例えていることも意味深い。分速で示された視写力は国語科教育の基盤であるだけでなく、国語科を超えた教科等横断的学力といってもよい。

「総合」段階は「書くために読む」実践で、「書替え」の実践例が、「物語」「詩歌」「説明」「伝記」のジャンルごとに、たくさん紹介されている。なかでも、「物語」の「変身作文」は、「書く」と「読む」の両者を結ぶアクティブ・ラーニング及びディープ・ラーニングの典型的実践である。

(くわばら・たかし=筑波大学名誉教授、日本国語教育学会会長)

本書は一九八六年八月に「国土社の教育選書4」として初版第一刷が発行されました。

復刻に際しては、同第八刷（一九九二年六月）を底本として組み直し、明らかな誤字等最小限の修正を施した上で、新たに解説を付しました。

青木 幹勇（あおき・みきゆう）

1908年高知県に生まれる。宮崎県師範学校専攻科卒業。宮崎県師範学校、東京高等師範学校、東京教育大学等の附属小学校及び文教大学に勤務。著書に『青木幹勇授業技術集成』（全5巻、明治図書出版、1989年）他多数。1953年より25年間にわたりNHK「ラジオ国語教室」放送の担当、授業研究サークル「青玄会」代表、月刊誌『国語教室』（非売品）編集・発行責任者等も務める。2001年逝去。生地の高知県土佐郡土佐町に「青木幹勇記念館」がある。http://kaku.boy.jp

復刻版 第三の書く
～読むために書く 書くために読む～

2020（令和2）年10月14日 初版第1刷発行
2021（令和3）年 2 月26日 初版第2刷発行

著　者：青木 幹勇
発行者：錦織 圭之介
発行所：株式会社東洋館出版社
〒113-0021 東京都文京区本駒込5-16-7
営業部 電話 03-3823-9206／FAX 03-3823-9208
編集部 電話 03-3823-9207／FAX 03-3823-9209
振　替 00180-7-96823
URL http://www.toyokan.co.jp

印刷・製本：藤原印刷株式会社
装丁デザイン：竹内 宏和（藤原印刷株式会社）
本文デザイン：宮澤 新一（藤原印刷株式会社）

ISBN978-4-491-04281-7 Printed in Japan